FEIYI GUANGXI

非遗广西

广西壮族自治区党委宣传部
当代文学艺术创作工程扶持项目

坡会

苗寨里的年节盛典

过竹 著

广西教育出版社

图书在版编目（CIP）数据

坡会：苗寨里的年节盛典 / 过竹著 . — 南宁 : 广西教育出版社，2022.6
（非遗广西）
ISBN 978-7-5435-9134-9

Ⅰ . ①坡… Ⅱ . ①过… Ⅲ . ①苗族—民族节日—介绍—融水苗族自治县 Ⅳ . ① K892.316

中国版本图书馆 CIP 数据核字（2022）第 081670 号

出 版 人	石立民	责任编辑	张星华	
出版统筹	郭玉婷	特约编辑	韦纳斯	
设计统筹	姚明聚	美术编辑	杨若媛	
印制统筹	罗梦来	责任校对	何 云	卢佳慧
音像出品	韦志江	责任印制	蒋 媛	
音像统筹	陆春泉	音像监制	滕耀胜	
		音像编辑	钟智勇	

出　　版　广西教育出版社
　　　　　广西南宁市鲤湾路 8 号　邮政编码　530022
发行电话　0771-5865797
印　　装　广西民族印刷包装集团有限公司
开　　本　880 mm × 1230 mm　1/32
印　　张　5
字　　数　100 千字
版次印次　2022 年 6 月第 1 版　　2022 年 6 月第 1 次印刷
书　　号　ISBN 978-7-5435-9134-9
定　　价　28.00 元

如发现印装质量问题，影响阅读，请与出版社发行部门联系调换。

前 言

　　文化是民族的血脉，是人民的精神家园。习近平总书记强调，"中华民族在几千年历史中创造和延续的中华优秀传统文化，是中华民族的根和魂"。党的十八大以来，以习近平同志为核心的党中央高度重视中华优秀传统文化保护传承工作。中共中央办公厅、国务院办公厅2017年1月印发的《关于实施中华优秀传统文化传承发展工程的意见》强调，实施中华优秀传统文化传承发展工程，是建设社会主义文化强国的重大战略任务，对于传承中华文脉、全面提升人民群众文化素养、维护国家文化安全、增强国家文化软实力、推进国家治理体系和治理能力现代化，具有重要意义。非物质文化遗产是中华优秀传统文化的重要组成部分，是中华文明绵延传承的生动见证，是联结民族情感、维系国家统一的重要基础。保护好、传承好、利用好非物质文化遗产，对于延续历史文脉、坚定文化自信、推动文明交流互鉴、建设社会主义文化强国具有重要意义。

　　2017年4月，习近平总书记视察广西，来到合浦汉代文化博物馆，指出这里有着深厚的文化底蕴，要让文物说话，让历史说话，让文化说话，要加强文物保护和利用，加强历史研究和传承。2021年4月，恰逢"壮族三月三"活动期间，习近平总书记再次亲临广西视察，专程到广西民族博物馆观看壮族织锦技艺、壮族天琴艺术等非物质文化遗产项目的展示展演并给予高度肯定。2021年6月，习近平总书记在给老艺术家黄婉秋的回信中说，你主演的电影《刘三姐》家喻户晓，让无数观众领略到了"刘三姐歌谣"文化的魅力。总书记同时指出，深入生活，扎根人民，把各民族共同创造的中华文化传承好、发展好，是新时代文艺工作者的光荣使命。习近平总书记的重要指示，为我们做好广西文化遗产保护传承工作提供了根本遵循。

广西地处祖国南疆，是一个多民族聚居的地区，有壮、汉等12个世居民族。长期以来，各民族交往交流交融，和睦相处，团结奋斗，在八桂大地共同创造了光辉灿烂的历史和文化。广西各民族在适应自然，创造历史，与自然和历史对话过程中创造出多姿多彩、丰富厚重，具有极高历史价值、文学价值、艺术价值和科学价值的民族文化，为我们留下了宝贵的非物质文化遗产。这些遗产，一方面是各民族在广西这片亚热带土地辛勤耕耘的见证，另一方面也反映了广西各民族之间交往交流交融、共建壮美家园的历史，有力佐证了我们56个民族是命运与共的中华民族共同体。

广西非物质文化遗产以其多元化的形态体现着各民族的聪明智慧和非凡的创造力，是传承各民族文化根脉的宝贵资源财富，是激励各民族团结奋进、锐意进取的不竭动力和源泉，对继承和弘扬中华优秀传统文化，推动社会主义文化大发展大繁荣具有重要意义。为保护各民族共同创造的非物质文遗产，广西采取积极有效措施，加强非物质文化遗产的保护与传承。截至 2022 年 6 月，广西共有 70 项国家级非物质文化遗产代表性项目，先后有 49 名传承人被认定为国家级非物质文化遗产代表性传承人；共有 914 项自治区级非物质文化遗产代表性项目，先后有 936 名传承人被认定为自治区级非物质文化遗产代表性传承人。

2021 年 8 月，中共中央办公厅、国务院办公厅印发《关于进一步加强非物质文化遗产保护工作的意见》，要求加强非物质文化遗产相关出版工作，加大非物质文化遗产传播普及力度，出版非物质文化遗产通识教育读本。为认真贯彻落实习近平总书记关于文化遗产保护的系列重要指示精神和中办、国办有关文件精神，深入实施中华优秀传统文化传承发展工程，保护、传承非物质文化遗产，广西壮族自治区党委宣传部组织广西出版传媒集团旗下 7 家出版单位编纂出版了广西非物质文化遗产普及读物——"非遗广西"丛书，并将其列入广西当代文学艺术创作工程三年规划（2022—2024 年）给予扶持。"非遗广西"丛书共 20 种，每种均附音频、视频等数字出版内容，通过融合出版方式增强丛书的通俗性、可读性、趣味性，全方位展示广西丰富多彩的非物质文化遗产。这对于加强广西非物质文化遗产保护、传承和开发利用，提升广西优秀传统文化影响力和传播力，建设新时代中国特色社会主义壮美广西，铸牢中华民族共同体意识具有重要意义。

目录 MULU

初识坡会

印象坡会

　　融水苗族自治县是我国第一个成立的苗族自治县，也是广西唯一的苗族自治县。全县常住人口约 41 万人，其中苗族人口约 16 万人，约占全县常住人口 40.48%（以上数据来自2020 年第七次全国人口普查结果），主要分布在大年乡、良寨乡、拱洞乡、红水乡、白云乡、杆洞乡、香粉乡、四荣乡、安太乡、安陲乡等地。

融水元宝山苗族村寨

小小芦笙手

扫码看视频

融水历史悠久，民族文化多姿多彩，享有"中国百节民俗之乡""中国芦笙斗马文化之乡"的美誉，"中国·柳州·融水苗族芦笙斗马节"被评为"最具民族特色节庆"。

苗族芦笙震天动地，芦笙舞矫健有力，苗族服饰做工精巧、光彩夺目，蜡染工艺独特、纹样古朴，苗族民歌形式独特，苗族神话传说故事想象丰富、幽默风趣，民族建筑别具一格。其中，极具文化魅力和传承活力，特别能体现苗族文化精髓的要数融水苗族系列坡会群。2006年5月，经国务院批准，苗族系列坡会群列入第一批国家级非物质文化遗产代表性项目名录。

每年农历正月初三至正月十七，融水各乡镇村屯每天都

坡会
苗寨里的年节盛典

有坡会，连续不断，形成苗族系列坡会群。这是以苗族为主的各族人民悼念先烈、襄灾祈福、鼓舞斗志、交流感情、集体聚会娱乐的盛大民间传统节日。

苗族系列坡会群作为一个独特的节日，给当地群众带来的不仅仅是聚会活动的契机，更让群众在赶坡中实现展现才

坡会盛况

扫码看视频

华、谈情说爱、交友叙旧的愿望，同时为传递信息、交流技术、商贸往来提供了平台，展现出这个地区以苗族为主的各族人民的生产生活特征、风俗习惯、民族审美情趣，它凝聚了民族的共同情感，增强了民族文化认同感、凝聚力和向心力，显现出非常鲜明的非物质文化遗产的价值。

融水苗族系列坡会群简表

名称	日期	地点	主办村屯	主要活动内容	规模
整英坡会（三坡）	正月初三	大年街边大年河整英河坝	中寨屯、高僚屯、下寨屯、古楼屯、扣寨屯	入场仪式（"万民伞"开道、扮演唐僧师徒等），赛芦笙、舞龙舞狮、斗鸟、斗鸡、文艺演出	12～17堂芦笙，1.8万～2万人
嘎直坡会（四坡）	正月初四	四荣乡荣塘村河边屯底嘎直田垌	翁牛屯、高王屯	吹芦笙、赛芦笙、踩堂、斗鸡、斗鸟	5～10堂芦笙，0.4万～0.8万人
平卯坡会（五坡）	正月初五	拱洞乡平卯村	平卯屯、尧龙屯	赛芦笙、踩堂、舞龙舞狮、唱"多耶"	8～10堂芦笙，0.3万～0.7万人
沛松坡会（六坡）	正月初六	安太乡培地村附近的沛松	培地屯、良地屯、上学屯、培高屯	赛芦笙、踩堂、斗鸡、赛马、唱苗歌	4～6堂芦笙，0.15万～0.3万人
拱洞坡会（七坡）	正月初七	拱洞乡拱洞街附近的忍禄	上寨屯、高武屯、培基屯	赛芦笙、踩堂、斗鸟、斗鸡、舞狮、唱"多耶"、文艺联欢	6～10堂芦笙，1.5万～2万人
能邦坡会（八坡）	正月初八	良寨乡培洞村老寨屯能邦	培洞屯、老寨屯、尧信屯、甲洞屯	赛芦笙、踩堂、斗鸟	8～13堂芦笙，0.7万～1万人
芒篙坡会（九坡）	正月初九	安陲乡乌勇屯芦笙坪	乌勇屯	以跳芒篙活动为主，还有吹芦笙、踩堂等	2～6堂芦笙，0.3万～0.5万人

坡会
苗寨里的年节盛典

名称	日期	地点	主办村屯	主要活动内容	规模
整侬直坡会（十坡）	正月初十	红水乡良双村	侗寨屯、牛塘屯、坳寨屯、良列屯、旧寨屯	赛芦笙、踩堂、赛马、斗鸡、斗鸟、跳芒篙	7～10堂芦笙，0.8万～1.2万人
整堆坡会（十一坡）	正月十一	安太乡元宝村整朵屯边的整堆	元宝屯	赛芦笙、踩堂、斗马、赛马、斗鸟	8～10堂芦笙，马15～20匹，约1万人
百鸟衣坡会（十二坡）	正月十二	杆洞乡杆洞村	杆洞村	赛芦笙、踩堂、斗牛、斗鸟、苗歌对唱、球类比赛、商品交易	30～40堂芦笙，1.5万～2万人
整欧坡会（十三坡）	正月十三	安太乡林洞村与寨怀村交界处的整欧	林洞村、寨怀村	赛芦笙、踩堂、斗马、赛马、苗歌对唱、斗鸟、联欢晚会、球赛	13～20堂芦笙，马30～40匹，2.5万～4万人
更喔坡会（十四坡）	正月十四	白云乡邦阳村上邦屯更喔	上邦屯	赛芦笙、踩堂、舞"精令"、跳芒篙	10～15堂芦笙，1万多人
大坡坡会（十五坡）	正月十五	香粉乡大坡屯附近	龙拱屯、新坪屯	赛芦笙、唱山歌、祭"无祀坛"	1万～2万人
古龙坡会（十六坡）	正月十六	香粉乡古龙坡	大盘屯、卜令屯	赛芦笙、踩堂、斗马、赛马、斗鸡、舞龙舞狮、唱山歌、文艺演出、球赛	15～20堂芦笙，最多达30多堂，马30～40匹，2.5万～4万人
安陲乡芒篙节（十七坡）	正月十七	安陲乡江门村金竹沟	江门村	跳芒篙、赛芦笙、踩堂、斗马、斗鸟、唱山歌、球赛	10～15堂芦笙，马10～20匹，1.5万～2万人

溯源坡会

据相关口述资料，融水苗族系列坡会群实际形成与存在的历史在 100 年至 300 年之间，且许多坡会都有来历故事。

正月初三的整英坡会，据传已有 200 多年的历史，原会址在大年乡扣寨附近。由于赶坡的人一年比一年多，扣寨坡场难以容纳，经过大家商议，坡会改址到整英，故名"整英坡会"。

正月初四的嘎直坡会，据传始于明末清初。当时为祈求风调雨顺、五谷丰登、人丁兴旺，经当地寨老（村寨中颇有名望的长老）倡议、大家商议，选择在今四荣乡荣塘村河边屯一处叫"嘎直"的田垌举办芦笙坡会。

正月初五的平卯坡会，据传已有百年的历史，是苗族、侗族文化交流的结晶。

正月初六的沛松坡会，据说大约在 200 年前就有了，当时定在每年农历二月卯日举行。有一年赶坡活动结束后几天，一对有情人为反对包办婚姻，双双在坡会山坳上吊自尽，大家认为这事很不吉利，就不去赶坡了。1952 年秋天，培地村姑娘佩民和头日（"佩民""头日"均为苗语奶名）为找蓝靛染布来到今怀宝镇一带。她俩清晨挑水时在水井边遇见一位老婆婆。老婆婆问她俩从哪里来，她俩回答从培地村来。老婆婆说培地是个好地方，以前的沛松坡会很热闹，希望她俩带话回去，一定要恢复沛松坡会，那样收成会更好、人丁会更兴旺。她俩回到家后将老婆婆的话告诉了村里的人，人们纷纷谈论起以前坡会的热闹景象，于是几个村屯的寨老商议，决定恢复沛松坡会，日期定在正月初六这天。

正月初七的拱洞坡会，据传已有300多年的历史。过去坡会地址在拱洞下寨对面的田坝里，由下寨和培基寨共同主办。随着赶坡的人逐年增多，原有的场地容纳不下，后来改在今拱洞街对面叫"忍禄"的地方举行。

正月初八的能邦坡会，关于其来历有个传说。300多年前，培洞寨姑娘引蓉与老寨屯后生桑才相恋。当时这一带还

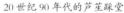

20世纪90年代的芦笙踩堂

20世纪90年代坡会上的娱乐活动

没有坡会，两人听说贵州那边的"租鲁租犁"（苗语地名）坡会很热闹，便结伴去赶坡。回来时，当地的一位老爹交给他俩一把泥土，建议他们回去之后建芦笙坪，也吹芦笙、踩堂热闹热闹。他俩回来后，将泥土埋在培洞寨底的枫树坳，选择那里作为芦笙坪。谁知芦笙一响引来群鸟，不少人被鸟粪里的病毒感染而呕吐、拉肚子。大家觉得这里不适合建芦笙坪，就把芦笙坪改在一个叫"两屋"的地方。有一年两名后生来赶坡，遇见了两位美丽的姑娘，她们其实是龙女。两名后生对龙女们心生爱慕，在龙女们离开后思念成疾，因病去世。这件事传开后，大家议论纷纷，认为两屋这个地方也不适合办坡会，坡会便暂停了。大约200年前，培洞、老寨的人经过多次商量后，确定在今老寨屯一个叫"能邦"的河滩上举行坡会，自此年年热闹，坡会沿袭至今。

正月初九的芒篙坡会，据说也有相当长的历史。很久很久以前，元宝山一带人烟稀少，庄稼被野兽糟蹋，财物受盗

20世纪90年代的芒篙坡会

贼掠抢。传说神人芒篙法力高深，妖魔鬼怪、盗贼、野兽都十分害怕他。于是，有人提出请神人芒篙驱邪，村里就组织人涂黑脸，披芒草、稻草，装扮成芒篙，从此野兽、盗贼不敢再来。当时的芒篙没戴面具。大约300年前，一位叫马老二的老人提出要给芒篙做眼睛，让它能看见路。于是，人们在"都金汤"（一种树）雕刻成的面具上挖两个眼洞，再给芒篙戴上。后来，人们定于每年正月初九举行芒篙坡会，以驱邪、祈福。

正月初十的整侬直坡会，有较为详细的由来故事。相传康熙三十四年（1695年），红水乡良双村侗寨屯（今名）杨姓家族的族长杨勇，为了使苗族人民和睦相处，共同抵御外来侵扰，在龙潭边立了一块崖石（一种聚众立规约的形式，被苗族人称为"侬直"），并用竹子制作了三管芦笙和六管芦笙。次年他派人到广西、贵州交界处各苗族村寨向寨老发"标签"（一种聚众议事的木刻标志），邀请各寨派人来侗寨屯学吹芦笙。各寨来的人围着杨勇立的"侬直"吹芦笙，在"侬直"前盟誓，决心以"侬直"为旗帜，增强苗族的凝聚力，齐心抵御外来侵扰。杨勇还向各寨代表传授芦笙制作技术，使芦笙响遍苗岭山寨。此后每年春节，良双一带各村寨的芦笙队都会在寨老的带领下，来到龙潭边，围着杨勇立的"侬直"绕三圈并吹三曲，以此纪念杨勇传授芦笙制作技术的功劳。整侬直坡会由此得名并传承下来。

正月十一的整堆坡会，据说创立于200多年前。当时元宝寨董姓家族的族长董大王看到别的地方的芦笙坡会很热闹，

银塘笙歌万代传

正月初十整㑇直坡会坡场

也想在当地举办坡会，但是总选不到适合的坡址。一天晚上他做了一个梦，梦见整堆这个地方举行坡会很热闹。第二天，董大王特意爬上寨后的石山坡俯瞰整堆，越看越喜爱，于是把族人召集起来，宣布要在整堆举行坡会。他的倡议得到了本族人和寨上其他家族的支持，整堆坡会便形成了。

正月十二的百鸟衣坡会，其由来与一个古老的传说有关。相传200多年前，杆洞出了位名叫哥红的小伙子，他长相俊秀、力大如牛、足智多谋，带领村民赶走了欺压百姓的寨主，因此被推为头人。哥红的妻子心灵手巧，她用百鸟羽毛缝制成一件美丽的衣服，逢年过节便穿着这件衣服去踩堂，她走到哪里，哪里就像来了一群美丽的小鸟。之后大家竞相效仿，百鸟衣就成了杆洞苗族的节日盛装。

正月十三的整欧坡会始于1985年。当时安太乡一带大大小小的坡会有十来个，坡会虽多，但规模普遍小，活动点分散，活动内容单一，吸引力不大。为改变这一状况，广大群众纷纷要求在乡政府所在地建立一个大坡会。乡党委、政府广泛征求各方意见后，决定建立安太乡芦笙坡会，坡址选在林洞村与寨怀村交界处叫"整欧"的田垌，坡日定在每年农历正月十三，谓之"十三坡"。

正月十四的更喔坡会，相传诞生在300年前。当时白云乡上邦寨一位叫杨供专的老人有意在当地办个芦笙坡会，他请来地理先生看风水后，选中上邦寨河对面一处名叫"整久"的地方。坡会办起来后，人们要蹚水过河赶坡，很不方便。大约200年前，上邦寨人经过商量，决定把坡会地址改在更

2000年百鸟衣节上人们
吹芦笙、跳踩堂舞

喔。从此，更喔坡会延续至今。

正月十五的香粉乡大坡坡会，诞生于 1864 年。1863 年，当时的大坡村一带爆发了苗族、瑶族、壮族人民联合反清的武装抗暴斗争。斗争结束后，当地群众将 300 多名勇士的尸骨集中埋葬在大坡村边坡坪上，设"无祀坛"并立碑。1864 年，当地团总（官名）覃丙周确定每年正月初四、正月十五、

20 世纪 90 年代香粉乡雨卜村参加坡会的五朵"金花"

八月十五为纪念日，各村寨会集大坡举行祭祀活动，大坡坡会就此形成。不过，出于种种原因，大坡坡会已被古龙坡会合并。

正月十六的古龙坡会，其诞生与正月十五大坡坡会有关。相传大坡坡会成立后，前来赶坡看热闹的人很多。散坡后，附近的人当天可以返回，住得远的人却要走三天，而当地村寨小，容纳不下这么多人住宿。各地来的青年男女因为找不到地方住宿，没有充裕的时间与心爱的人谈心，往往是高兴而来，扫兴而归。另外，大坡村边坡坪不是香粉地区的中心点，更不是苗族、瑶族、侗族、壮族等少数民族聚居的地方，许多具有民族特点的娱乐项目未能得到展现。因此，各族群众特别是年轻人纷纷向时任香粉团总提出建议，要求在香粉一带另立一个坡会。香粉团总应广大群众要求，于清光绪二十八年（1902 年）在位置更好的古龙寨另设坡会，坡期与大坡坡会相隔一天。人们纷纷涌向古龙坡会，去赶大坡坡会的人逐年减少，终至坡会停办消失，而热闹的古龙坡会从此形成。

正月十七的芒篙节诞生于 1989 年。为了更好地传承和发展芒篙文化，向社会展示芒篙文化的魅力，安陲乡党委、政府多方面征求群众意见后，决定从 1989 年起，把每年农历正月十七定为芒篙节，届时举行群众性的芒篙活动。

走读坡会

巡览坡会

融水苗族系列坡会群大致分成"大年—白云""安太—杆洞""安陲—香粉"三个相对集中的片区。

下面，就让我们搭乘赶坡"发烧友"1号专车，在农历正月初三启程，走访大年—白云片区，依次参加坡会。

第一站：正月初三整英坡会

到站地址：大年乡大年街边大年河整英河坝。

正午时分举行进场仪式。铁炮手点燃铁炮，轰鸣声响彻大年河谷。

高僚屯的队伍率先入场。只见四名小伙子手持铁棍在队伍前开路，另由一人敲着一面大锣，意思是鸣锣开道，驱散鬼怪邪魔。芦笙手和踩堂队（由姑娘们组成）紧随其后。

接着进入坡坪的是中寨屯的队伍。一名小伙子撑着"万民伞"走在队伍前面。"万民伞"用铁丝、竹片扎成框架，五色绸缎缝制，共有三层，高约两米。一位寨老手执用白毛巾箍扎伞身的油纸伞随后，相传油纸伞内藏有能驱除邪魔的寨神婆"务呆"，以"万民伞"护送"务呆"抵达坡场，"务呆"会护佑万民安康同乐。众人跟随寨老进入坡场。四名小伙子装扮成唐僧、孙悟空、猪八戒、沙僧，手执禅杖、兵器断后。

接着便是扣寨屯、古楼屯和下寨屯的三支队伍，他们分别以龙、狮开路。高僚、中寨、扣寨、古楼、下寨等本地村屯的队伍绕坡坪三圈，进入各自的芦笙堂吹响芦笙之后，外地芦笙队才进入坡场。

在铁炮和鞭炮声中，各队绕本村屯芦笙堂三圈、吹三曲，然后非芦笙队人员退出坡坪，到旁边休息或观看。留在坡坪内的芦笙队奋力吹奏，坡会芦笙竞技拉开帷幕。众笙齐鸣，笙乐冲霄，在大年河谷中回荡。

吹芦笙比赛采取淘汰制决出优胜者，获奖者奖励一面锦旗，这是芦笙队最大的荣耀。坡会结束后将举行庆贺仪式，每家每户都会派出代表参加庆功宴。

扫码看视频

芦笙队伍入坡场

除了坡会的重头戏芦笙竞技，坡会期间还举行芦笙踩堂、舞龙舞狮、斗鸡、斗鸟，以及苗歌、侗歌演唱等文娱活动，这些活动为整英坡会增添了浓郁的节庆氛围，展现了民族文化特色。

第二站：正月初五平卯坡会

到站地址：拱洞乡平卯村。

中午时分，举行"痴打"（苗语，意为赶走魔鬼邪气，净化芦笙堂）仪式。"隆隆隆"三声铁炮在坡场中央响起，平卯、尧龙两村屯的寨老提着锣鼓、执着芭芒草（芒草的一种）并排走在前头，敲鼓鸣锣引道。两村屯的芦笙队、踩堂队和男女老幼依次跟随，绕场三圈。

仪式结束后，各村屯的芦笙队进入各自的芦笙堂，围成圆圈。芦笙头领吹，其余芦笙手附和，热烈奔放的进堂曲响起。三曲过后，各村屯的踩堂队迈着轻盈的步子入场，她们围着自己的芦笙队，踏着笙曲跳起了踩堂舞。

踩堂结束，吹芦笙比赛随即开始。各村屯的芦笙队围成圈，憋劲猛吹，奋力争胜。顿时，笙曲响彻云霄。经过裁判组细心评判，评出优胜芦笙队。当裁判组领头人将锦旗挂到获胜队的大芦笙上时，鞭炮齐鸣，欢声顿起。

吹芦笙比赛落下帷幕，苗歌赛、唱"多耶"、斗鸟等活动闪亮登场。

太阳下山后，河滩边、树荫下，人们三五成群地围坐野餐，津津有味地品尝着从家中带来的甜水酒、糯米饭和酸鱼、酸鸭，并盛情邀请附近的亲友和外来游客一起进餐。大家举杯交箸，拉家常、话农桑、互道祝福，祈求新的一年风调雨

扫码看视频

从小练习吹奏芦笙

顺、事事如意。

晚风轻拂，平卯河畔、半山腰上，村村寨寨传来喊酒声，人们沉浸在欢乐的节日气氛中。

第三站：正月初七拱洞坡会

到站地址：拱洞乡拱洞街附近的忍禄。

两根三米多高的荷木树桩犹如定海神针竖立在坡场中央，成为拱洞坡会之魂。

正午时分，举行"绕坪"仪式。主办村屯高武、上寨的寨老手执芭芒草、荷木树枝并列走在队伍前头，边走边扬芭芒草和荷木树枝，寓意将魔鬼邪气撵出坡场。后面依次是高武、上寨的赶坡队伍，每支队伍由一把小芦笙领头，一面芦笙旗引路，芦笙队、踩堂队居中，村屯里的男女老少殿后。后面跟着培基、下寨、高文、平卯、龙培、振民等村屯的芦笙队及外来的芦笙队。绕场时，高武、上寨的芦笙头以小芦笙吹引路曲，其他芦笙静默。之后，铁炮和鞭炮齐鸣。一位德高望重的寨老将祭品、香等摆放在坡场中央的荷木树桩前，口念："今天太阳亮丽夜吉祥，坡会完年关过。一帮阿爸阿妈，带一帮姑娘后生，进芦笙堂入芦笙坪。踩堂给竖岩看，踩圆圈给阿爸阿妈见。眼下旧的一年过，新的一年来。做农活粮食有剩，做生意钱财有余，天底下众人安康富有。"念毕，队伍绕坡场三圈。之后，高武、上寨的寨老将手中的芭芒草、荷木树枝插在坡场中央的荷木树桩周围。高武、上寨两个村屯的芦笙队围树桩吹三曲。

接下来举行"暖坪"仪式。其他村屯的芦笙队陆续进入各自的芦笙堂，先吹三曲合奏曲来"暖坪"。

"暖坪"仪式结束之后开始踩堂。先是本村屯的姑娘围绕自家的芦笙队踩堂，接着主客队之间、客队与客队之间互相轮换场地踩堂，一会儿到你村屯的芦笙堂去踩，一会儿到我村屯的芦笙堂来跳，一会儿又聚拢起来，里三层外三层地围着一个芦笙队同场踩堂。青春似火，激情四射。

踩堂结束，篮球赛、唱苗歌、斗鸡、斗鸟等活动纷纷登场。

夕阳西下，坡会接近尾声，坡会最后一项活动"洗坪"开始了。高武、上寨两村屯的芦笙队领头，其他村屯的芦笙队随后，共同绕场三圈。据说，"洗坪"仪式能把"金鲁金力"（魂魄）带回家吃肉吃饭，这样才能够平安健康，有力气干活，来年过得更好。

"洗坪"仪式结束，铁炮声、鞭炮声再次响起，人们有序退出坡场，坡会散场。

晚上，村村寨寨灯火通明，座座木楼亲朋满座。饭后，人们或围在火塘边对歌、聊天，或聚在芦笙坪上看苗语电影，或走村串寨坐妹（"坐妹"为苗族、侗族等少数民族的婚恋民俗活动）。

第四站：正月初十整依直坡会

到站地址：红水乡良双村。

正午时分，进场仪式开始。在主办村屯的组织下，主办村屯、协办村屯和外来赶坡会村屯的芦笙队依次进入坡场，各队将芦笙旗一一插好，并用绳索捆绑在一起，表示团结同心、永结友好。接着，众芦笙队共同吹奏三曲。之后，侗寨寨老在前面引路，各村屯的芦笙队依次沿河边走进芦笙坪。各芦笙队边吹边走，互相交流。

进入芦笙坪后，各村屯芦笙队的小伙子们手捧芦笙，围着本村屯的芦笙柱边吹边跳；姑娘们伴着芦笙曲节拍，绕着芦笙队围成圈翩翩起舞。

坡会上的斗马扣人心弦，斗鸟紧张激烈，苗歌对唱透出绵绵情意。

坡会活动一直持续到太阳下山，另一番热闹悄然来临。客寨芦笙队应邀到主寨打同年（以村屯为单位进行集体交往的盛大活动），延续坡会的欢庆与激情。进寨曲响起，主寨寨老带领盛装青年男女列队迎接客人，敬酒献茶，引唱开门歌。

坡会开场，鞭炮炸响

进寨后，主寨芦笙队引导客寨芦笙队进入芦笙坪，吹笙踩堂，祝愿友谊地久天长。之后，由主寨寨老主持，主寨各家各户将客人一一领进家门。

第五站：正月十四更喔坡会

到站地址：白云乡邦阳村上邦屯更喔。

正午时分，率先出场的是东道主上邦屯的队伍。寨老领头，几个青壮年抬着一大筐糯米饭、挑着糯米甜酒和酸鸭酸鱼跟随，芦笙队、踩堂队居中，一条十多米长、狮头龙身的"精令"压阵。"精令"是神兽，由十几块红毯拼接而成，需要二十多个青年弯腰弓背托起舞动。两个壮年手执芭芒草左右摇摆，在"精令"前面开路，另有两个青年装扮成孙悟空一前一后护卫"精令"。

上邦屯的队伍进入坡场后，寨老领头祭拜芦笙柱。之后，其他村屯的队伍相继进入坡场。由十几支芦笙队、几百把芦笙共同打造的芦笙盛宴宣告开始。

每支芦笙队各自围成一个圆圈，吹奏欢快的笙曲；踩堂队围着自家村屯的芦笙队跳起踩堂舞。顿时，坡场上笙歌嘹亮，姑娘们的舞姿如彩蝶纷飞，围观的乡亲喝彩连连。整个坡会充满欢乐、愉悦的气氛。

欢乐时光易逝，不知不觉太阳落山了。赶坡的民众依依不舍地离开更喔坡坪，邀约亲朋好友到自家的村屯做客。很快，空气中就飘着酸鱼、酸鸭、糯米饭的香味，阵阵喊酒声附和着袅袅笙歌，在村屯中回荡。

寻踪坡会

接下来，让我们搭乘赶坡"发烧友"2号专车，在农历正月初四启程，探访安太—杆洞片区，依次参加坡会。

第一站：正月初四嘎直坡会

到站地址：四荣乡荣塘村河边屯底嘎直田垌。

坡会当天，嘎直坡场方圆数十里村屯的民众身着盛装，扛着芦笙、牵着骏马、提着鸟笼向集会地点围拢而来。正午时分，鞭炮炸响，各村屯芦笙队以各自的大芦笙为轴心围成圈，齐齐吹奏合奏曲。顿时，笙曲飞扬，响彻山谷。

三首合奏曲过后，踩堂曲仿佛从山巅泻落，踩堂的姑娘身着艳丽衣裙，佩戴闪闪发亮的银饰，踏着柔和舒展的舞步缓缓入场。此刻，穿着亮布衣、手捧芦笙的小伙子激情澎湃，边吹边跳，机灵的小伙子还不忘眉眼传情。缘分到者，能够讨来定情信物——花带，在坡会中许下终身。

踩堂过后，举行吹芦笙比赛、斗马、赛马、斗鸟、苗歌对唱等多项竞技与文娱活动。

太阳西下，人们依依不舍地离开坡场，进村入寨，走亲访友。月亮升起，当地村屯各家各户宾朋满座，主家端上香喷喷的糯米饭、甘美的糯米酒和醇香的酸鸭、酸鱼，在

坡会之夜，参加坐妹活动的青年男女共饮交杯酒

"呀——呜，呀——呜"的喊酒声中开启热闹非凡的夜晚。酒足饭饱后，小伙子们三五成群到姑娘家坐妹，吊脚楼里时常飘出情意绵绵的歌声和油茶的香味。

第二站：正月初六沛松坡会

到站地址：安太乡培地村附近的沛松。

正月初六，在通往沛松的山路上，小伙子扛着扎上各色彩带的芦笙，姑娘身着盛装、手持花伞，中老年人有的牵着马，有的提着鸟笼，兴高采烈地向坡场会集。

中午时分，开始"拢场"。培地村芦笙队率先入场，其他村屯芦笙队依次进场。各芦笙队以自家芦笙柱为轴心围成圆圈。寨老和芦笙头在芦笙柱前焚香祭祀之后，鞭炮响起，芦笙齐鸣。各村屯身着盛装的姑娘们围绕各自的芦笙队踩堂，舞姿如彩蝶翩飞。

踩堂之后，还举行芦笙比赛、斗马、斗鸟、斗牛等活动，项目内容丰富，精彩纷呈。夕阳西下，人们依依不舍地离开坡场，邀约亲朋好友围坐家中火塘，举杯畅饮，欢乐开怀。

第三站：正月初八能邦坡会

到站地址：良寨乡培洞村老寨屯能邦。

正午时分，培洞、老寨、尧信、甲调四个村屯的芦笙队率先进入坡场，客寨芦笙队跟随入场。芦笙头或寨老祭拜芦笙柱，之后在领头小芦笙的引领下，众笙齐鸣，响彻河谷。姑娘们围绕芦笙队翩翩起舞，欢乐踩堂。

踩堂之后，赛芦笙、斗鸟、苗歌对唱等活动便展开了。

夜幕降临，人们依依不舍地离开坡场，心中期待来年坡会再尽情欢歌。

第四站：正月十一整堆坡会

到站地址：安太乡元宝村整朵屯边的整堆。

正午时分，元宝屯芦笙队首先进入坡场，其他村屯的芦笙队依次跟进。各村屯芦笙队跟随元宝屯芦笙队，围绕由元宝屯竖立在坡场中央的大芦笙柱转三圈、吹三曲之后肃立。各村屯芦笙头或寨老将糯米饭、猪、鸡、鸭、鱼、酒等祭品一一摆放在芦笙柱周围。元宝屯董姓家族一位长老面向东方蹲下，虔诚地念道："今天吉日良辰好日子，我们来进整堆坡，邀你太阳神和月亮神，下来与我们共度；吃三杯苦茶喝三杯苦酒，你太阳公显威月亮婆显灵，助我们稳固山坡，安定民众；做生产得丰收，做生意有钱财；家家牛羊满栏，鸡鸭满舍；天天有剩，年年有余，男女老幼平安。"念毕，长老将少许鱼肉、一小坨糯米饭和一小杯酒撒于芦笙柱脚。祭毕，长老邀请周围的"坡友"一起吃饭吃肉，一同饮酒。之后，元宝屯芦笙头领吹过门曲，顿时众笙齐奏，铁炮炸响，鞭炮齐鸣。姑娘们踏着节奏，翩翩起舞。

坡会活动丰富多彩，激荡人心的吹芦笙比赛、情意绵绵的苗歌对唱、惊心动魄的斗马、扣人心弦的斗鸟，将欢乐的气氛延续到夜幕降临。此时，人们才依依不舍地踏上返家之路。

第五站：正月十二百鸟衣坡会

到站地址：杆洞乡杆洞村。

正午，来自黔桂两省（区）交界处各村屯的芦笙队陆续抵达百鸟衣坡会的坡场。随后，铁炮轰鸣，鞭炮炸响，各村屯芦笙队按既定位置围圈吹奏。众多芦笙队中，杆洞村百鸟衣芦笙队最为醒目亮丽。伴着优美的芦笙乐曲，姑娘的百鸟衣摇曳，仿佛凤凰仙子领百鸟翔游苗山，更似百鸟朝阳，令人如痴如醉。

芦笙踩堂之后最扣人心弦的要数斗牛。斗牛场上，各队牵着水牛牯整装待发。铁炮声响，刹那间烟尘滚滚，水牛牯打成一团，难解难分。经过激烈争斗，比赛最终分出胜负。获胜方披红挂绿，吹笙鸣炮庆贺。主人牵牛绕场，满脸骄傲与自豪。

坡会结束，远方来客大都获邀进入村屯做客，又是一个热闹的不眠之夜。

坡会

苗寨里的年节盛典

身穿百鸟衣的姑娘翩翩起舞

扫码看视频

第六站：正月十三整欧坡会

到站地址：安太乡林洞村与寨怀村交界处的整欧。

正午时分，各村屯的队伍依照规矩，由各自村屯的寨老引领，跟随芦笙旗，按芦笙头、芦笙手、踩堂队的次序缓缓步入坡场。

各村屯的芦笙队围绕本村屯竖立的芦笙柱转三圈后，领吹的芦笙头腾空跃起，吹响悠扬圆润的过门曲。在芦笙头的引领下，场上众笙齐鸣，声浪澎湃，整齐、洪亮的笙曲直冲云霄。接着，铁炮、鞭炮轰鸣，人群沸腾。

踩堂曲响起，各村屯的踩堂队围着本村屯芦笙队跳起踩堂舞。只见芦笙手时而弓腰蹲转，时而扭腰摇摆，时而激情扬笙，时而跳跃迈步；又见踩堂姑娘身着盛装轻踏舞步，银饰生辉，裙摆拂风。

芦笙堂成了竞技场。各村屯的芦笙队奋力吹奏，笙音明快高昂，此起彼伏，地动山摇，好一场芦笙比响。

坡会上的斗马、赛马、斗鸟、民族工艺展以及商品交易等活动热闹非凡。坡会活动持续到夜幕降临才渐渐散场。

坡会之夜的活动也是多种多样，异彩纷呈，包括结交芦笙同年、村际民歌竞赛、文艺联欢晚会、苗语电影专场、行歌坐妹等。

畅游坡会

最后，让我们搭乘赶坡"发烧友"3号专车，在农历正月初九启程，探访安陲—香粉片区，依次参加坡会。

第一站：正月初九芒篙坡会

到站地址：安陲乡乌勇屯芦笙坪。

正月初九凌晨，芒篙扮演者悄悄来到节前上山采集、收藏芒草的地方，把用芒草编织成的披肩、衣裙罩在身上，将锅灰（或深色泥巴）涂在手和脚上，戴上木雕面具和棕树皮做成的胡须。他们装扮好后，便在芦笙坪附近的山坡上等候。

中午时分，祈祷仪式开始。一位德高望重的寨老主持祈祷仪式。仪式结束后，鞭炮声响起，人们吹起芦笙，跳起踩堂舞。

人声鼎沸、锣鼓喧天之际，芒篙从隐藏处现身，"咿呜、咿呜"叫喊着蹦跳进入坡场。坡场顿时响起"呜啊（好啊）！呜啊！"的欢呼声。芒篙犹如鲤鱼入塘，时而跑进芦笙队中模拟吹芦笙，时而加入姑娘队模拟跳踩堂舞，时而挤到人群里摸一下老人的手、拍一下小孩的头。在苗族人心目中，芒篙是能够驱邪的神灵，被芒篙拍摸到的人能享受福运：小孩快长快大，老人添福添寿，姑娘越长越靓，

戴着面具、身披芒草的芒篙扮演者

扫码看视频

后生英俊潇洒。

同时，领头芒篙手持铜锣边敲边念叨祝福语。

鞭炮声再次响起，人们让出场地，留下芒篙和着鞭炮声欢快地跳芒篙舞。

鞭炮声一停，撒糖抢糖活动开始。几个中年男子从坡会主事者手中接过一袋袋糖果往人群中抛撒。有的人跳着接，有的人弯腰捡，有的人蹲着拾，人们沉浸在喜庆欢乐的气氛之中。

晚上，主客欢聚木楼，围坐火塘，喊酒声在山谷中回荡。

第二站：正月十六古龙坡会

到站地址：香粉乡古龙坡。

正午时分，主办村屯大盘、卜令的队伍率先进场，其他村屯的队伍依序紧随其后。各村屯芦笙队绕各自的芦笙柱三圈。随后，锣鼓喧天，铁炮轰鸣，鞭炮炸响，人声鼎沸。各芦笙队在芦笙头的带领下奋力吹奏，高亢的芦笙乐曲顿时响彻云霄。

接下来的芦笙踩堂更是引人注目。踩堂姑娘们婀娜多姿地围绕本村屯的芦笙队翩翩起舞，用肢体语言演绎民族风浓郁的踩堂曲。

古龙坡会的斗马争霸十分激烈，临时舞台的文艺演出引来阵阵掌声，歌坛上的山歌竞赛精彩连连。坡会在气势磅礴的吹芦笙比赛中落下帷幕，人们依依不舍地离去。

入夜，坡场周围村村寨寨欢声笑语，家家户户宾朋满座。

第三站：正月十七芒篙节

到站地址：安陲乡江门村金竹沟。

正午时分，各村屯的芒篙队在本村屯芦笙队的簇拥下精神抖擞地进入金竹沟坡场。

江门村的寨老或芦笙头祭祀坡场和芦笙柱之后，鞭炮齐鸣，人声鼎沸。在芦笙头的引领下，各村屯芦笙队齐奏。伴着有节奏的锣鼓声，芒篙加入激情燃烧的队伍。只见他们手指张开、双手举起，跳起憨趣可爱的芒篙舞：时而抖动着抬脚跳，时而双脚张开半蹲转身跳，时而前后左右晃动着跳。芒篙舞粗犷豪放，节奏明快，动作刚健大方，洋溢着阳刚之美。

苗族民间把芒篙视为惩恶扬善的神灵，人们都希望接近芒篙，以求带来好运。芒篙善解人意，时而拍一拍小孩的头，时而握一握老人的手，时而摸一摸小伙子的脸，时而冲着姑娘摇头晃脑。芒篙所到之处，大家争先恐后地与他摩肩搭臂、合影留念。

芒篙送福之后，吹芦笙比赛、踩堂、斗马、斗鸟等活动纷纷登场。当天晚上，照例是一个激情四射、通宵达旦的欢乐之夜。

坡会斗马

坡会之魂

芦　笙

　　芦笙是坡会之魂，逢坡会必有芦笙。苗家有句老话：芦笙不吹响，谷子不发秧；芦笙一吹响，脚痒手也痒。

　　在我国，芦笙主要流行于贵州、广西、云南、四川、湖南等省（区）的苗族、侗族等少数民族聚居区。在东南亚的越南、老挝、泰国，以及美国、法国、加拿大、澳大利亚等地的苗族社区中也流行吹芦笙。

　　与苗族芦笙相关的国家级非物质文化遗产代表性项目有

吹响芦笙去赶坡

苗族芦笙制作技艺、苗族芦笙舞。

　　与苗族芦笙相关的自治区级非物质文化遗产代表性项目有苗族芦笙制作技艺、苗族芦笙舞、隆林苗族芦笙舞、融水苗族芦笙音乐等。

　　在融水苗族自治县，芦笙与苗家生活紧密相连、息息相关。苗族村村寨寨有芦笙，节日坡会、村寨交往、红白喜事都有芦笙的身影。融水苗家人从儿时起就学吹芦笙、跳芦笙舞，演奏和跳舞技巧高超的芦笙手、芦笙队深受群众的尊敬和爱戴。

　　芦笙主要由气斗、竹管、簧片和共鸣筒组成。融水苗族芦笙造型优美、种类多样，制作工序繁杂、用料讲究。制作时，多采用20年树龄的杉木做笙斗，3年生长期的竹子做音管，一般使用刮、削、通、打、捶、夹、钻等方法，经过选料、烤料、打制簧片、制作竹木部件、装簧片和定音等多道工序，耗时近 20 天才能制作完成。

融水苗族自治县流传着一首民歌，将芦笙的来源、使用时间、制作方法、作用等十分清楚地表达了出来：

芦笙哪里来？哪时吹笙开？
要过芦笙节，哪时才应该？
哪时不给吹？——把理摆！

芦笙传说汪里[①] 来，过了秋社才吹开；
苗家要过芦笙节，整国、苗林[②] 来安排；
芦笙吹半年，过了春社不安排！
芦笙苗家宝，乐声动山崖！
吹出苗家心意，唤醒苗家寨！

芦笙哪里来？哪里是娘胎？
古话来传说，——分明白。

制笙用铜片，铜片哪里来？
拿得谁家做？谁把铜片捶？

①② 汪里、整国、苗林均为黔东南地名。

哪根做成当^①？哪根做成箫^②？
芦笙哪方响？传得哪村寨？

务也^③到海底，龙王给铜来，
抬进苦丁^④家，李儿铁匠开。
是他把铜敲，厚铜分七块，
捶成薄片片，长短分音阶。
长管做成当，短管做成箫，
苗家笙歌响，笙歌传远方。
传到远方寨，引得远客来。

正如歌谣所唱："苗家笙歌响，笙歌传远方。传到远方寨，引得远客来。"坡会上，只要芦笙响起，四方宾朋就欢聚一堂。寨门外，芦笙响起，芦笙同年的队伍伴随着鞭炮声缓缓走来。

一堂芦笙（即一支芦笙队）由大、中、小各类芦笙组成，以最小的那把为领奏、领舞笙（要挑选吹奏技艺高超者执吹），民间称它为"芦笙头"。芦笙头的标志是小芦笙上插着一根雪白的寒鸡羽毛，这与一个民间故事有关：

一个姑娘天天上山打柴。一天，她到山坡上砍柴时，发现坡上有一个大鼓。姑娘连忙进村喊老人们来看，那鼓有三

---

① 当：苗语，芦笙的长管。

② 箫：苗语，芦笙的短管。

③④ 务也、苦丁：苗语，均为传说中开天辟地的神。

笙歌引得远客来，主人出门喜迎接

尺长，套着绣花亮布衣。老人们认出是天上掉下来的"鼓婆"，便告诉姑娘把鼓交给寒鸡保管，准备到八九月举行拉鼓活动。

寒鸡的窝棚不好，下雨天，鼓婆挨雨水淋进颈脖，它就哼叫起来。寒鸡听见鼓婆哼叫，心中害怕。它想："人家讲鼓婆哼叫，妈要病死，如今这个鼓婆哼叫，莫非我妈要病死？"它就把鼓婆偷偷拉到河边推了下去。

八月到了，人们快要拉鼓了。寒鸡没有办法，只得把"鼓婆挨自己推下河"这件事照实讲了。砍柴姑娘把寒鸡带到众人面前，寒鸡边哭边诉，请求人们饶恕，它情愿把自己身上美丽的羽毛献给人们，表示赎罪。人们谅解了它。全寨人把鼓婆从河底捞上来，抬到坡上，串上长绳，一边拉，一边敲。后生们高兴极了，拿起芦笙围着鼓婆吹，姑娘们围着鼓婆跳舞。寒鸡见芦笙只有竹竿和套筒，配不上姑娘漂亮的衣裙，就催后生把羽毛拔来插在小芦笙上。从那时起，直到现在，小芦笙领奏时，都插着寒鸡的羽毛呢。

芦笙活动大多在农闲时节进行，一般是农历正月至三月、九月至十二月。

芦笙活动主要于节日坡会、芦笙走寨、打同年等集体互访时展开。同时，派生出的对唱山（民）歌、坐妹、斗马、斗鸟等文娱活动，也是芦笙文化活动的重要组成部分。

芦笙文化具有血缘性与地缘性特征。一般来说，一个苗族村寨有一个小芦笙堂，几个同姓氏村寨或联姻村寨共有一个中芦笙堂，同一服饰、方言地区共有一个大芦笙堂。其中，

行歌坐妹少不了芦笙、笛子等乐器

中、小芦笙堂的芦笙文化活动，其血缘性、地缘性更为明显。比如，在融水苗族自治县香粉乡雨卜村，以卜令沟（山谷中的小河流）为界，卜令沟以西村屯的芦笙队在卜令屯中央的芦笙堂（中芦笙堂）活动，卜令沟以东村屯的芦笙队在雨梅屯的芦笙堂（中芦笙堂）活动。而各村屯另有自己的芦笙堂（小芦笙堂），平常的芦笙活动都在各自的芦笙堂进行。而当古龙坡会会期来临时，雨卜村各屯的芦笙队才聚集起来，参加古龙坡芦笙堂（大芦笙堂）的活动。

　　芦笙文化活动的规模与芦笙堂的大小相关。堂小则活动的规模小，堂大则活动的规模大。就参与人数来说，小堂的芦笙文化活动多在百人之内，中堂的芦笙文化活动多在千人之内，千人以上的就属于大型芦笙文化活动。融水苗族系列坡会群中的安太乡整欧坡会、香粉乡古龙坡会参加的人数常常逾万。

除了每年固定的节日文化活动外，苗族人民平时也会吹奏芦笙以娱神乐人，如在农闲时节的夜晚进行芦笙走寨活动。香粉乡雨卜村牛塘屯的一次芦笙走寨活动是这样的：吃过晚饭，一群十三四岁的少年在几名男青年的带领下，由牛塘屯沿着山谷而行，边走边吹芦笙，每经过一个村寨都要进去吹奏几曲；接下来选定一个小山坡（村寨外非固定的芦笙坪），燃烧篝火，围火狂欢，仰首高歌，累了便架好芦笙，围坐在火堆边，由男青年们讲述关于芦笙的传说故事和芦笙活动的规矩；过了子夜再次启程，选定一个村寨作为住宿点，进寨先吹一阵芦笙，再进亲友家吃夜宵，这晚的芦笙文化活动方告结束。这类活动多于秋后进行，一是为庆祝丰收，二是为传授芦笙文化知识。

芦笙堂

芦笙堂是坡会的举办场地，更是芦笙文化的重要载体。有了芦笙堂，芦笙文化就有了集中展示与传承发展的空间。

芦笙堂有两种，一是村内芦笙堂，苗语名"嘎忍"；二是村外芦笙堂，即芦笙坡、芦笙坪，苗语名"打忍"。

大小村寨都有嘎忍，一村一个，一寨一堂。嘎忍多位于村寨正中，堪称村寨的"肚脐"。嘎忍大约一个篮球场大小，中央立一根芦笙柱，四周是村寨的木楼民居。建村立寨时，由村寨的族老共同选择嘎忍位置，经过商议达成一致后，大家一起宣誓，表示嘎忍位置确定，这块场地便被赋予神圣的意义。嘎忍是全村的公共财产，不能堆放杂物，不得侵犯和占用。

嘎忍没有固定的入堂时间和相关仪式。通常在秋收之后，村民便将芦笙搬出来放到芦笙堂中，供闲暇时吹奏。若芦笙需要修整，也是在这个时候进行。外村寨的客人，尤其是来走寨的小伙子，也会到芦笙堂拿起芦笙，你吹一段，我奏一曲。年节里，赛芦笙、踩堂、集会、打同年等活动多在嘎忍进行。

村内芦笙堂

村外芦笙堂

　　嘎忍是各村寨进行对外交往活动的主要场所。在年节当中，各村寨相互集体造访，多在嘎忍进行。凡外村寨芦笙队来走访，客寨芦笙队要先来到村中央的芦笙堂燃放鞭炮，然后围绕芦笙柱吹三曲、转三圈，以示尊重。听到芦笙响起，主家村寨的寨老及芦笙队便来到芦笙堂，握手迎接。若是打同年，客人入村后，要在芦笙堂吹三支曲并踩堂。翌日主寨宰牛待客，要首先把牛牵到芦笙堂中绕芦笙柱转三圈，之后才牵到村寨外宰杀。

打忍通常位于村寨附近的田地、草坪或山包上。打忍不同于嘎忍，它不是一个村寨独有，而是几个村寨共有。打忍有的由一个村寨创立，有的由两个及以上的村寨共同创立。创立村寨是该打忍的主人，享有优先入场和主持芦笙活动的"特权"。其他后来的族姓及其建立的村寨必须依附已有的大村，加入大村的各种社会活动，特别是芦笙文化活动，并在活动中服从大村的安排和管理，尊重大村的优先权。

过了二月春社日，各村寨即封存芦笙。至此，嘎忍和打忍平静下来，等待金秋来临再次热闹起来。

芦笙柱

　　芦笙堂的重要标志是高耸的"栋嘎"（芦笙柱）。如果说芦笙是坡会之魂，那么芦笙柱则是坡会的"定海神针"。

　　每逢苗年或盛大节日，苗家男女老少便身着盛装会聚芦笙堂。首先要祭祀芦笙柱。寨老、芦笙头摆上米酒，燃烧香烛，往芦笙柱身贴红纸，在芦笙柱脚插青草，寓意村寨和家族香火不断、叶茂根深、永世兴隆。接着，芦笙队环绕着堂

祭芦笙柱

中央的芦笙柱激情吹笙，踩堂队围着芦笙柱和芦笙队翩翩起舞，其他人则在外围助威。

苗族芦笙柱用杉木制成（也有部分村寨的芦笙柱是混凝土柱），高 10 ～ 20 米。柱顶部雕刻禽鸟，离顶部约 2 米处装一双木制水牛角，水牛角下安装一对横杆，柱身绘龙画凤、色彩斑斓。

在各地区、各村寨，芦笙柱顶部的禽鸟不尽相同。有锦鸡、孔雀、白鸽、鹅，还有混合型叫不出名字的神鸟。据《融水苗族》一书解释："苗族说鸟有两层意思：一是这个概念的原本意义，即自然界中的鸟；另一是代名词，专指苗族美丽的姑娘。苗族古歌中凡姑娘多用鸟、叶、花等动植物代称。苗族将姑娘比作鸟、称为鸟，是因为鸟不仅美丽，而且善于歌唱，是人类歌颂的对象，用鸟比喻活泼可爱的姑娘，是再恰当不过了，有褒奖之意，也是赞美之辞。苗族民间歌谣有一首叫《亨兄配烈》，歌中所描述的'配烈'如神仙下凡，是人间最美丽的姑娘，也是苗族千人羡恋万人怀想的好姑娘，在各种场合常以她来形容美丽的人儿。芦笙堂是万人娱乐的中心，自然也是追求美、展示美、比较美的场所，参加各种娱乐活动和竞赛活动的村寨当然也希望自己村上的姑娘是芦笙堂上最美丽最受赞颂的。因此，除了让老母亲们精心打扮女儿、以芦笙曲调衬托姑娘优美的身姿外，还通过芦笙场上各种存在物的装饰表达这种追求和憧憬，芦笙柱顶的鸟正是踩堂姑娘的化身，它借用民间优美的传说比喻、象征和赞美自己村上的达配。"这里"达配"是苗语，意为姑娘。

《融水苗族》认为："芦笙柱的水牛角是友谊和睦、相亲相爱的象征，也是后生家的化身。"苗族民间传说和歌谣中

"常用牛比喻忠厚老实、力大无比的好后生。水牛是牛中之王，将水牛那对弯角引入芦笙文化，用于比喻小伙子的身强力壮和憨厚诚实是再贴切不过的。所以芦笙柱上的鸟是姑娘的化身，而那对弯角则是代表后生的"。而在苗族地域之间、村寨之间重要的交流活动打同年中，"最高等级是牛，凡打牛同年的村寨，都是关系最密切的'亲戚村''兄弟村''同年村'。水牛是牛中之王，打同年杀水牛款待，又使一般的牛同年关系提升一大截。所以将水牛角挂在芦笙柱上，表明主人热情好客的性格和渴望密切往来、彼此相亲相爱的心意，同时也歌颂了民族强盛、国家繁荣、社会稳定"。

关于芦笙柱的来历，《苗族风情》一书中记述了这么一个传说：

传说古时候地上没有鼓，只是天上才有。天上拉鼓很热闹，天下人每年上天看热闹，把小孩丢在家里，经常发生事故。一天雅由大妹仔被虎咬，人们跑下来打虎救人，挤断天桥。此后，天上人间无法再往来。天上人见人间日子太枯燥，就把鼓放下来，谁料鼓紧紧地卡在悬崖间，人们四处寻找不见。白锦鸡把鼓的下落告诉了人们，但人们攀不上悬崖，还是白锦鸡把鼓拔了下来。为了纪念白锦鸡的功劳，拉鼓时鼓主家族都头戴白锦鸡的外壳；拉鼓回村时，鼓主家年轻的媳妇也都头戴白锦鸡的外壳去踩堂；同时，人们把白锦鸡模型安在芦笙柱顶端，以此表示感谢白锦鸡的恩德。

柱子上都有一对水牛角模型，也与白锦鸡传说有关。话说白锦鸡把鼓从悬崖上拔下来了，不料掉进河里，人们到处找不见，有只水獭告诉人们鼓的下落。人们请水獭拿绳子去把鼓系紧，请水牛拉上岸。为了对水牛表示怀念，把牛角系在鼓主的屋柱上，还要用水牛角盛酒喝。芦笙柱上的那对水牛角模型便是为了表示纪念而设的。

整根柱子画着或雕着一条头朝下的龙，那是苗族的龙图腾，意思是地上的龙、水里的龙都朝我们寨子来，我们寨大吉大利、人丁兴旺、五谷丰登。那么水獭呢？它也有功劳啊！人们对水獭也有答谢，传说每年八九月间都让水獭到田里捉放养的田鲤，但只准水獭每条田鲤吃一截，留一截给人。现在水獭捉田鲤吃一截留一截，就是从那时传下来的。

竖芦笙柱是一件重大的事情，必须选好日子。当天，人们备好酒菜和纸、香，在寨老的带领下，由小伙子们奋力将芦笙柱抬到芦笙坡上。时辰一到，立即将芦笙柱刻有鸟头和牛角的一面朝东方不斜不偏地立好。立好芦笙柱之后，寨老领头讲吉利话，燃烧纸、香进行祭祀。

芦笙柱的设立，起到确定村寨或家族地位的作用。通常一个村寨或一堂芦笙只能竖一根芦笙柱，不可随意多竖。在一些由若干村寨共有的芦笙堂中，芦笙柱由主村寨竖立。从老寨分离出来的新辟村寨，在传统的芦笙坡上只能参加原属村寨的芦笙堂，不能独立竖芦笙柱。

竖立芦笙柱的村寨具有芦笙柱专属权，其他村寨不得借用或占用芦笙柱。芦笙柱一旦竖立就不能随意推倒，即使柱身腐朽需要更换，也必须在村民代表商议后才可更换，且需要举行更换仪式才能卸旧柱立新柱。

人们在鞭炮的烟雾中竖起芦笙柱

芦笙曲

　　在多彩的坡会文化中，芦笙文化处于中心地位。坡场上，芦笙更是独占鳌头，从进坡到离坡，芦笙伴随着坡会活动的始终。坡场上，最动听的是芦笙曲，最优美的是芦笙舞。

　　芦笙和声自然，高、中、低配套，曲调优美、音响独特。芦笙曲是融水苗族主要的民间音乐。

　　融水苗族流传的芦笙曲目主要有7种：引奏曲、合奏曲、踩堂曲、竞赛曲、同年曲、迎亲送亲曲、杂曲等，每一种曲子又有许多不同的旋律。在坡会上常吹奏的芦笙曲有引奏曲、合奏曲、踩堂曲、竞赛曲、杂曲。

　　引奏曲是芦笙活动中芦笙队进村、进芦笙堂（坪）时必吹的曲子。吹奏时由芦笙头引领，芦笙队闻曲围圈聚拢，准备合奏；四周民众闻曲由四处向村头或芦笙堂会聚。

　　合奏曲是芦笙活动中用于过年、赶坡、打同年的曲子，通常吹奏三支曲调。吹响合奏曲，一方面是为了暖芦笙堂（坪）；另一方面是为了传递相关信息，比如告诉主家自己来做客、与大家打招呼等。

　　进芦笙堂（坪）吹三支合奏曲，告知大家有芦笙活动，快来参加，这便是"暖芦笙堂（坪）"。芦笙活动结束，芦笙队退出芦笙堂（坪）时吹三支合奏曲，寓意把财富带回家，这便是"洗芦笙堂（坪）"。

三支合奏曲曲调的含义不同，在特定地点、不同场合的含义也不一样。

打同年时，客寨芦笙队来到主寨准备进寨时，需要在主寨前面约定俗成的位置吹三支合奏曲，传递"我们来啦"的信息。

途中路过其他村寨，又没打算拜访该村寨，则队伍悄悄绕过该村寨，然后在离村尾不远处停留片刻，芦笙队吹三支合奏曲，传递"我们路过你们村寨，朋友，下次我们再专程前来拜访"的信息。

踩堂曲是芦笙活动中用于跳芦笙集体舞的曲子，是7种曲调中演奏时间最长的曲子。踩堂曲由芦笙手（男子）吹，踩堂队（女子）依着曲调、踩着节拍起舞。

该曲分为三小类："嘎牌"，4节踩堂曲；"嘎街"，20节踩堂曲；"嘎谷"，4节踩堂曲。

竞赛曲是芦笙活动中用于比响（芦笙竞技）的曲子。

同年曲是芦笙活动中用于邀请打同年的曲子。甲村若想邀请乙村打同年，便会在芦笙活动进行到一半后，该村芦笙队、踩堂队排成三行或五行纵队（小芦笙在前引领，大、中芦笙和踩堂队在后面跟随），边吹此曲边围住乙村芦笙队，以示邀请乙村到甲村打同年。若乙村接受甲村邀请，则乙村的芦笙队回吹此曲。

迎亲送亲曲是婚仪里用于迎亲、送亲的曲子。融水苗家通常在接、送新娘时，由一名芦笙手边走边吹迎亲送亲曲。

杂曲是芦笙活动中用于庆祝丰收、互相祝福、互相赞美的曲子。据不完全统计，芦笙杂曲有 30 多首。

芦笙比响

芦笙舞

芦笙舞，又名"踩芦笙""踩歌堂"等，因用芦笙为舞蹈伴奏和自吹自舞而得名。它流布于贵州、广西、湖南、云南等地的苗族、侗族、瑶族、水族、仡佬族等少数民族的聚居区，是南方少数民族十分喜爱的一种民间舞蹈。芦笙舞大多在年节、集会、庆贺等喜庆时刻表演，主要有自娱、竞技、礼仪三种类型。

芦笙舞在融水苗族地区流传已久，是融水苗族非常具有代表性的民族民间传统舞蹈。

芦笙舞动作刚劲、简练、大方，脚、腰、头等部位动作协调。舞蹈时，舞者以脚上的扭、绕、靠、踩等动作为基础，以腰为中环，带动上身完成俯、仰、摆、转等动作，如行云流水，一气呵成。

芦笙舞具有五种特性，即祭祀性、礼仪性、自娱性、习俗性、表演性。

芦笙舞可以表现传说故事、民族战争史、民族迁徙史，也有祭祀祖先、歌颂爱情、传授劳动生产技能等方面的内容。

芦笙舞采用不同的形式表现不同的内容，如：以群舞的形式来表现祖先迁徙过程、与自然做斗争、开创家园等内容；

以男子双人舞的形式来表现祭祀龙神、祭祀祖先、立新房、踩屋、丧葬礼仪等内容；以男子独舞的形式来展示个人技艺，通常带有竞技成分。舞蹈动作多为矮步、蹲踢、旋转、腾跃等，有的节奏多变、迅疾激烈，有的难度较高、别出心裁。

融水苗族现存的传统芦笙舞主要有嘎坐、嘎哩、嘎任、

坡会上的踩堂舞

嘎芦、赛曲等。

嘎坐是传统坡会上苗族同胞最喜欢的自娱性男女群舞，亦称"踩堂"。踩堂舞往往是年节庆贺仪式和集会上的重头戏。芦笙踩堂场面宏大，在"中国·柳州·融水苗族芦笙斗马节"上，往往会有千把芦笙齐鸣、万人共同踩堂的盛大场面。该舞用踩堂曲伴奏，以苗族民间舞蹈中常见的舞步"踩步"贯穿整个舞蹈过程。舞蹈时，各村寨的芦笙队、踩堂队在芦笙头的引领下，以坐脚芦笙、地筒为圆心，女外男内地组成两个圆圈。芦笙队吹响踩堂曲时，踩堂队便围圈起舞。圆心中的坐脚芦笙和地筒原地伴奏，芦笙头掌握着嘎坐的起承转合。芦笙队边吹边左右摇摆逆时针作舞，踩堂队则徒手或手持白毛巾、绸带等开始"踩步"，动作包括顺时针上三步、退两步、并脚上立、前倾、摆手拧转。

嘎哩模拟羊奔跳吃草的动作。芦笙头在前面边吹边跳引领，众人跟随，先作旁跳步，然后踏步低蹲、左右扭腰，绕芦笙横八字花。众人沿圈舞蹈，周而复始。

嘎任是苗族同胞相互交往时跳的礼节性舞蹈。例如，甲村想邀请乙村打同年，甲村芦笙队就会主动围着乙村芦笙队吹跳三圈。乙村心领神会，若接受邀请，就提出同年规格。规格定为"猪"（杀猪打同年），就在甲村的坐脚芦笙上插几片菜叶；规格定为"牛"（杀牛打同年），就在甲村的坐脚芦笙上插几根青草。之后，双方两人或三人一排，扣臂，数人一列，边吹芦笙边绕圆起舞。双方途中相碰三次之后"邀同年"仪式结束。来年，乙村以同样方式、规格邀请和接待甲村。

嘎芦是年节期间男青年娱乐助兴时跳的双人舞。舞蹈为男子双人舞，带表演性质，一人吹笙，一人持棍，按天圆地方起舞。吹笙者边舞边吹小芦笙，护笙者手持木棍。舞蹈共分四段，融武术于舞蹈中，动作粗犷，节奏明快。

赛曲是坡会上芦笙队进行比赛时跳的集体舞蹈，动作整齐刚健，气宇轩昂。

打同年时的踩堂舞

霓裳羽衣

富美霓裳

坡会上，姑娘们身着七彩盛装，和着芦笙曲调翩翩起舞，构成一道亮丽的坡会风景线。

苗族服饰丰富多彩，据不完全统计达130多种，其中以女服花色样式居多。苗族服饰做工精巧，造型古朴典雅，色彩对比和谐，构图严谨大方，形象生动优美。苗族服饰制作工艺主要有刺绣、挑花、织锦、蜡染、剪纸等。苗族刺绣、苗族蜡染手工技艺、苗族织锦技艺、苗族服饰制作技艺等已列入自治区级非物质文化遗产代表性项目名录。

对于广西各地区的苗族服饰，清代以来的史料记载较为详细。清嘉庆年间修纂的《广西通志》中记载，融水一带的苗族"青布缠头，耳项各悬银圈，衣裤俱青色，短小紧窄"。可见，当时融水一带的苗族用青色的布包头，喜欢佩戴银制的圈状耳环，用银圈装饰颈项，衣裤都是青色的，服装很紧瘦合体。民国时期刘介《苗荒小纪》载：广西融水、怀远（今三江侗族自治县）等地苗族，男子"首裹青蓝乌布，短衣窄袖，纽扣百结"；女子"腹部卫以抹胸，而幅较长，上齐胸，下逾脐，花瓣缘之……下体着裙"，"尤好银饰，胸部悬银牌，大逾掌，颈套银圈，耳重珰，手带戒指及钏，皆粗大异常。

富者带圈数只，带钏十数只"。从这段文字可见，民国时融水一带的苗族男子包头巾、穿窄袖短衣，而女子着抹胸、裙子，佩戴戒指、手镯等各种银饰，其服饰与今日可见的融水苗族传统服饰已非常接近。

　　融水苗族男子的传统服饰为上身穿深色对襟衣（部分镶嵌花边），衣服上钉单数布纽扣，以扣多而长为美，有多至十三颗纽扣的；下身穿宽裆长裤，以裤筒宽为美；头缠长巾，头巾

身穿盛装的苗族姑娘

多以长、宽为美；遇节日和坡会，喜欢在头上扎两三根羽毛。

传统女装上衣为双襟开胸式，不另缝衣领，不钉衣扣，衣服的袖口、领圈、前襟都绣有花饰，衣脚也镶锦条、刺绣或彩布。衣服齐腰处左右各缀一条彩带，交叉系于左腰侧（也可不系）。下身着齐膝裤子或加套一条百褶裙，小腿上笼带花边的布套并系约6厘米宽的彩色绸带。中老年妇女的衣着与女青年相似，只是衣边锦绣朴素，年龄越长越朴素。

苗族女子服饰的传统面料为家机织的棉麻布料。现今服饰仍有保留传统面料的，但更多的是采用化纤面料，"洋面料"加"土手工"的服饰比比皆是。

苗族女子的盛装礼服是家庭富有的表征。头饰有银簪、银梳、银桐花、银发夹、银耳环等；上衣领口有银牌扣，围腰当胸处有寿字银花，加上银项圈、银手镯、银戒指、银围腰带、银披肩等，制作这些银制饰品需纯银四五斤以上。这些展示在女子服饰上的财富，都是女子家庭父辈辛勤劳动所获，反映了苗族人民追求勤劳致富、丰衣足食的富美心态。

百鸟衣

融水苗族服饰中，绚丽多姿的百鸟衣令人过目难忘。

2020年12月，经广西壮族自治区人民政府批准，融水苗族百鸟衣制作技艺列入第八批自治区级非物质文化遗产代表性项目名录。

百鸟衣分为女装和男装。全套女装有上衣、披肩、腰带、飘带、百褶裙和腿套；全套男装有上衣、背心、头巾、腰带和绑腿。

百鸟衣缝制工序繁杂，做工细致精巧，穿用十分讲究。人们平时一般不穿百鸟衣，通常在喜庆活动、节日、赶坡会或探亲访友时才穿；女性未结婚时穿，出嫁以后少穿，特别是当了妈妈后基本不穿。在坡会这样的重大节日，人们通常穿百鸟衣踩堂，因而百鸟衣被誉为"芦笙衣"。

百鸟衣的制作要经过染布捶布、裁缝、绣花镶花边、镶挂羽绒四道工序，每道工序都十分讲究。其中，最独特的是镶挂羽绒。先将精选的雀鸟羽绒扎成一个个小束，串上薏米壳后，再镶挂在布条、布片和衣服上。

百鸟衣在杆洞乡流传已久。关于百鸟衣的来历，民间流传着两个故事。

身着现代百鸟衣的苗族女孩

第一个故事是：

很久很久以前，在离杆洞村十分遥远的地方住着一户财主，他有个长得非常漂亮且心地善良的女儿，叫配端。同村有一户母子，家境十分贫寒。儿子抵龙每次从山上捕猎归来，妈妈总是把鸟绒毛积累在一处，用这些鸟绒一针一线地缝挂在衣服的各个部位，做成漂亮的百鸟衣给抵龙穿。

一天，抵龙身穿百鸟衣上山砍柴，发现山脚的江面上漂着一个人，他刚要跑下山去救人，身子竟然飞起来，一直飞到溺水者身边，把溺水者轻轻一提又飞上岸。这时抵龙才觉察百鸟衣能让人飞起来的神奇作用。而被他搭救的人正是财主的女儿配端。从这以后，两人渐渐产生爱恋，而且爱得很深很深。但两家贫富悬殊，门不当户不对，要结合是很难的。于是两人商量决定远走高飞。

抵龙妈很赞同他俩的做法，并拿出亲手缝制的三件百鸟衣，三人各自穿上，一同悄悄飞走了。飞了七天七夜到现在杆洞这个地方时，便停落下来安居，过着平静的生活。

打那时候起，杆洞一带的苗族姐妹都来拜访抵龙妈，跟她学做百鸟衣。百鸟衣的缝制方法便一代又一代传承至今。

第二个故事是：

南宋年间，钟相、杨太（民间多称杨幺）起义失败后，其残部为了逃避官府的追杀，落荒到贵州、广西交界处一带的深山里，没布匹做衣裳，全靠兽皮御寒。于是他们把所打得的禽兽绒毛积起来做衣服。在苗年及其他传统节日，人们都穿着这些衣服，下山与当地苗族吹芦笙、跳踩堂舞。这就是最初的百鸟衣。因这衣服是在跳芦笙舞时才穿的，故又叫"芦笙服"。后来，南宋灭亡，元朝统一中国，首领杨宗保带领他们南迁到杆洞定居。从山里带来的百鸟衣几经迁徙，已所剩无几了，只有富裕的几家才做了几件小百鸟衣给自家的孩子穿。经过几百年的物换星移，到目前就只剩下那么三件儿童百鸟衣了。

苗族服饰制作技艺自治区级代表性传承人杨洪英在制作百鸟衣

亮布衣

亮布衣是融水苗族地区最常见的节日服装。通常在喜庆节日、赶坡会或打同年时才穿，平时不穿。

亮布衣分男装和女装。男装较为简洁，头上多包紫蓝色头巾，上身穿对襟衫，衣扣用小布片扎成，取单数，一般有九、十一、十三、十五颗不等，下身穿宽裆长裤。

苗族亮布衣

女装则比较讲究，上衣无扣，衣领、衣襟、袖口等部位均镶嵌花、草、鱼、虫、蜂、蝶、禽、兽图案的花边，内衣是一块近似菱形的绣花胸围。下装由没膝中裤、百褶筒裙和镶有花边、系有彩色飘带的腿套组成。

2012年5月，经广西壮族自治区人民政府批准，苗族亮布制作技艺列入第四批自治区级非物质文化遗产代表性项目名录。

苗家的亮布制作十分讲究。从纺纱、织布到成布，需经过纺、织、染、漂、晾、捶、涂等多道工序，一般由妇女一手完成。

亮布制作的最后工序是使蓝靛布发亮。将干牛皮加水熬成的胶液放入染缸，然后按比例添加薯莨块茎捣烂后滤出的汁液和草灰水（糯谷禾把烧成的草灰）。再将制作好的蓝靛布放入染缸浸泡，泡透后取出晾晒，再浸泡，再晾晒，反复数次，直至蓝靛布变硬。

将变硬的蓝靛布铺在青石板上，用都鲁树（元宝山上特有的树种）木槌反复捶打。每捶打一轮，就涂上一层鸡蛋清，反复捶打至均匀。

用温水勾兑品连（一种紫色的矿物），再用特制的鸭毛刷沾着品连水轻轻刷在布面上，蓝靛布逐渐散发出紫色光芒。将布蒸好后晾干，一匹亮布就制作完成了。

百褶裙

百褶裙是百鸟衣、亮布衣的绝配，将坡会上的女孩打扮成翩翩起舞的彩蝶。

百褶裙也如百鸟衣、亮布衣那样，穿用十分讲究。平时一般不穿，收藏在柜子或箱子里，喜庆节日、赶坡会或打同年时才穿。

女孩们身着百褶裙参加坡会

百褶裙由裙首（腰）、裙身、裙脚组成，裙身横向富有弹性，纵向挺直有型。有的百褶裙上绣着五彩缤纷的花纹图案，裙腰、裙脚镶绣花边，穿起来如花伞张开，卷起来如伞合拢。

百褶裙分为长、中、短三种。长裙及脚面，中裙过膝，短裙不及膝。融水苗族的百褶裙多为中裙。

百褶裙制作精细，褶子细密、繁多，故有"百褶"之称。制作时，先将布料平铺在案板或晒席上，喷洒浆汁，然后折叠出一条条宽窄一致的褶子；再次喷洒浆汁，然后用棉纱线将褶子串起来用于定型。

2018年12月，经广西壮族自治区人民政府批准，苗族百褶裙制作技艺列入第七批自治区级非物质文化遗产代表性项目名录。2019年12月，吴红英被认定为第六批自治区级非物质文化遗产代表性传承人。

关于百褶裙的由来，梁彬、王天若编选的《苗族民间故事选》一书中记述了一个民间流传的故事，主要情节是这样的：

古老的年代，苗家还没有裙子，妇女穿的是粗布缝制成的裤子，裤脚很大，一只裤脚差不多装得下一斗米。那时候，有一座一眼看不到边际的大森林，终年被绿叶覆盖着，白天看不见太阳，夜晚看不见月亮，地上密密麻麻都是野兽的脚印，没有哪个猎人敢进去打猎。大森林里有个黑咕隆咚的朝天洞，洞里住着一个作恶多端的可怕猴子精。

大森林边有一个寨子，里面住着一家老两口，他们生了

苗族百褶裙制作技艺自治区级代表性传承人吴红英

一个姑娘，取名叫"兜花"。兜花姑娘不但十分美貌，而且勤快得很，老两口喜欢得不得了。

　　有一天，天下大雨，下得满坡满岭哗啦啦地涨大水。勤快的兜花姑娘拿着把伞，提着个筶箩出门掏猪草去了，但这次直到天黑都没回来。老两口慌了，先是请几个小后生连夜打着火把去找，又杀猪请寨里的人来吃，让大伙帮忙去找。后来，连远近寨子的后生们都去大森林里找。他们找了好多天，可不管怎么找，都找不到兜花姑娘。老两口伤心极了。

原来，兜花姑娘是被猴子精抓进了朝天洞。她在洞里受尽了折磨，每到深夜就偷偷地哭，想念着爹妈。一天深夜，兜花姑娘梦见一个白胡子老公公。白胡子老公公很可怜她，就告诉她，猴子精每天中午都要坐在朝天洞外的一块大石头上晒太阳找虱子，只要把很多松脂涂在那块大石头上，猴子精坐上去就起不来了。那时，她就可以回家和亲人团聚。

兜花姑娘牢记白胡子老公公的话，每天猴子精出去后，她就到大森林里找松脂，把松脂从松树上一滴一滴地抠下来。多少次她累昏了过去，差点从高高的树干上摔下来。她的指甲全磨掉了，手指淌出血来，她又用牙齿咬……她忍受了一切痛苦，终于收集了很多松脂。她把松脂涂在那块大石头上，猴子精坐下去就被粘住了。它暴躁地挣扎着，吼声如雷，震得山摇地动，可是怎么也起不来。据说现在猴子屁股上有股红的一块，就是那时被粘掉了一块皮。

兜花姑娘带上她的伞逃出了朝天洞。她在大森林里整整走了一个月，吃尽了苦头，最后终于走出了大森林。她的衣服裤子全被剐破了，皮肉露在外面。她羞于这样回去见爹妈，站在一口井边看着自己的模样发愁。

她猛然想起手中的伞，急忙将伞把拆掉，用伞面罩住下半身。这样一来，她发觉自己变美丽了，那色彩鲜艳的伞看上去就像开着一朵唢呐花，好看得很！她欢欢喜喜地走回家。

兜花姑娘和爹妈团聚了。到家后她施展生花巧手，用布仿照着伞的样子缝制了一条百褶裙。姑娘们看见感到很新奇，都用布仿照着做。就这样一传十，十传百，慢慢传遍了远远近近的寨子。从那时起，苗家就有了裙子，一直流传到今天。

苗族服饰制作技艺自治区级代表性传承人梁小哲

头　巾

　　头巾是融水苗族男子服饰的重要组成部分。

　　传统头巾为土布材质，长约 2 米，宽约 30 厘米，使用时折成十几厘米宽的布条包头。头巾分为两类：一类是已婚者戴的头巾，一类是未婚者戴的头巾。已婚者戴的头巾制作简单，由蓝靛布制作而成；未婚者戴的头巾制作稍微复杂，头巾两端要用绿色丝线绣上锯齿形的花边，有的还配上花纹。

　　中老年男子有的平时戴头巾，年轻男子平时一般不戴，只在喜庆节日、赶坡会或坐妹、打同年时才戴。

　　关于苗族男子头巾的来历，民间流传着这样的说法：

　　以前，苗族的男女都留长发，有的甚至拖到脚跟。后来，随着时代的变化，苗族男人全部剪了短发。山区的冬季天气很冷，为了御寒，人们就用布巾包头。

　　老是这样包着，已婚的似乎习以为常了。未婚的青年，则感觉一来不美，二来缺乏一种暗示未婚的意向。于是大家商议着如何改进包法和完善头巾，使之更富有生活意义和适应山区的天气特点。结果形成这样的习俗：已婚者不变，未婚者一律在头巾两端刺绣绿色的齿形花边，象征着苗山有常绿不败的森林——苗家的头发，如同森林一样茂盛；苗山的森林宛若头发一般繁盛，造福于人类。

在现代，融水苗族男子更多佩戴一种造型类似传统头巾的头饰。这种头饰是用一块长筒状的布填充棉花做成的，工艺较简单，颜色更丰富，戴起来也更方便。传统的苗家服饰在现代依然以独特的方式焕发着生机与活力。

现代苗族男子头饰

花　带

　　花带是苗族人民喜爱的刺绣饰品，可用作围裙带、斗笠带、腰带或小孩背带等，也可作为礼物相赠。因用途不同，其宽窄、长短不等。

　　每逢坡会、赶集或重大节日，苗族姑娘就会将花带系在腰间或吊在百褶裙上。百鸟衣或亮布衣配上花带更显苗家服饰的精美。

　　除此以外，花带还可作为苗族姑娘送给情郎的定情信物。姑娘若是看中小伙子，就把自己亲手制作的花带送给对方，以表达心中的爱意。若小伙子也喜欢姑娘，接过花带后，便会回赠姑娘一件信物。

　　苗族姑娘从小就开始学习绣制花带，花带伴随着苗族姑娘的成长。走进苗寨，常能看见妈妈或奶奶、外婆在悉心指导小女孩绣制花带，或姑娘三五成群围坐火塘边聊天边绣制花带。她们用灵巧的双手将刺绣图案用硬纸剪贴在布带上，再一针一针地将根根彩色丝线转化为丰富多彩的精美图案。

　　据《苗族风情》一书记述，苗族花带有这么一个来历：

　　苗家人历来居住在密林深处或深山峡谷里，过去人烟稀少，遍地毒蛇，人们常常遭受伤害。

相传很久以前，苗家有个叫"朵蓓"的姑娘，她聪明伶俐，从蛇互不相咬的习性上得到启发，用五颜六色的丝线织成一条条与蛇皮相似、长短大小相等的花带，上山劳动时系在身上，一旦碰见蛇，就将花带轻轻地摇晃几下，这样蛇以为是自己的同类，就不伤害人了。朵蓓把这一办法告诉了乡亲们，人们都照做了，果真灵验。从那时候起，织绣、佩系花带便相沿成习。

色彩鲜艳的花带更显苗族盛装的精美

银　饰

　　银饰是融水苗族服饰的重要组成部分，是苗族女子的重要配饰，主要有银冠、项圈、胸牌、手镯、戒指等。除了手镯、戒指平时佩戴，其他银饰平时一般不佩戴，喜庆节日、赶坡会或坐妹、打同年时才佩戴。

　　银冠主要有头圈和头冠两种。头圈上紧密地缠绞着细细的银丝，佩戴时，用银簪将头圈与盘发固定在一起，同时可随佩戴者意愿在银丝之间插入簪花和各种时令鲜花。

苗族头圈

坡会上戴着头冠和扭形项圈
的苗族姑娘

　　头冠上装饰着精心打制的银鸟、银马、银花、银草、银
羽、银角等，并垂吊着银鱼、银珠、银签，银光闪闪，璀璨
夺目。佩戴时，先用小布条连接两端，然后将头冠套于头上，
再将小布条系紧。

　　项圈主要有 4 种类型：扭形项圈、排项圈、链形项圈、
空心项圈。前三种多为姑娘们佩戴，最后一种多为中老年妇
女佩戴。项圈的基本形状是圆形，有大小之分，一般按从小
到大的顺序套挂在颈上，一个紧挨着一个，没有重叠，排列
有序，远看仿佛一块弯月形的银块。

胸牌是垂吊于胸前的银牌，重 500 ～ 1000 克。制作时，要先用银子打制三个银盘，将其中一个银盘制成龙的形状，作为胸牌上端；再将另外两个银盘制作成展翅欲飞的大蝴蝶的形状，并与上端银盘连接；下端吊挂 9 ～ 15 枚刀、剑、矛等仿古兵器模型和牙签、挖耳瓢等，作为饰物；将细小银丝结成空心的菱形银链，并用银链将银排的各个部件连接起来，即成胸牌。

戴着胸牌的苗族姑娘

手镯主要有6种类型：扭形镯、五棱镯、空心镯、实心镯、扁形镯、三棱镯。手镯常常是苗族青年男女的婚恋定情信物。

苗族手镯

戒指主要有4种类型：扁形戒指、锯齿形戒指、椭圆戒指、顶针戒指。

苗族戒指

逸趣盛情

比　响

在坡会上，比响、斗马、斗牛、斗鸟、斗鸡等活动给坡会带来了激情逸趣。

比响，苗语叫"希兵"，即"比（竞）赛笙声响亮"，是融水苗族坡会必备项目。2020年12月，经广西壮族自治区人

青年们聚集吹奏芦笙

奋力吹奏

民政府批准，融水苗族赛芦笙列入第八批自治区级非物质文化遗产代表性项目名录。

坡会当天，各个村屯的芦笙队准时会集坡场，在各自的芦笙堂祭祀、踩堂之后，踩堂队退出芦笙堂，芦笙队则留在原地，休息片刻后开始比响。

只见各村屯芦笙队的芦笙头领吹，然后众笙齐鸣。

能否在比响中取胜，除了取决于芦笙手的吹奏技巧和芦笙队吹奏芦笙的整齐度，还取决于芦笙师傅的制笙技术与制作质量，以及芦笙种类的丰富度、大中小号芦笙与地筒的有效配合度。

因此，秋收之后到次年坡会之前这段时间，是芦笙师傅最为繁忙的日子，他们要前往曾购买其制作的芦笙的村屯去修理芦笙，把芦笙的状态调整到最好。四荣乡荣塘村翁牛屯的芦笙师傅梁利通常要忙到除夕这天才能回到家里，大年初二又被人接去修理芦笙，直到坡会结束。

比响既重在音量的"响"，也看中芦笙手动作的阳刚之美。小伙子们要憋足劲，绷紧肌肉，鼓起两腮，随着芦笙曲调左右奋力摆动，吹出最强的时代之音，才有望夺魁。

比响裁判组由各村屯推选的经验丰富的中老年芦笙手组成。裁判组事先来到坡场附近的预定山坡上（通常这个位置是固定的），等待各芦笙队吹奏芦笙，再评判出比响名次。

除了坡会比响，日常人们也会邀约比响。邀约比响一般在秋收之后开始，次年坡会之后结束。这段时间的比响，通常需要预约，参加比响的村屯共同商议确定比响具体日期。

除了在坡场的芦笙堂进行比响，还有专门的比响坪。比响坪通常选在距离村寨较近、地势较高且开阔的坡坪。在那里，笙声一响，周边村屯的人们都能听得见。

比响时，先入比响坪的芦笙队先吹，接着各芦笙队按入场顺序相继吹奏。休息片刻，便交换场地，首轮比响最末尾的芦笙队先吹奏，然后由末至首依次吹奏。反复交换场地数次，完成第一轮比响。若兴致未尽，还可再来第二轮、第三轮、第四轮、第五轮，直至尽兴。

邀约比响的裁判组也由村屯里经验丰富的中老年芦笙手组成。他们在远处的高地燃起一堆篝火，边烤火边品味阵阵笙声，对各堂芦笙比响的成绩进行评判。

也有"强行"邀约比响的。某个村屯（一般都是比响坪范围外的村屯）的芦笙队相中比响村屯后，不约而至，先到比响坪吹奏竞技曲。本地村屯知道有客寨的芦笙队来邀请比响了，于是迅速组织好队伍前往比响坪应赛。

　　比响还有一种形式，就是甲村芦笙队主动去乙村比响。比响是"借口"，访友和坐妹才是正事，因此称"坐妹比响"。这种比响的主力军是年轻人。

一名青年在比响中吹奏芦笙

出发前，芦笙队在本村屯芦笙堂吹奏三曲，便踏着月光奔赴目标村寨。

小伙子们悄悄来到目标村寨，悄悄进入芦笙堂。芦笙头"一、二、三"令下，芦笙轰然齐奏，震天动地。主家村寨知道有客寨芦笙队来访，小伙子纷纷扛起芦笙会集芦笙堂迎接客人，家庭主妇忙着生火架锅打油茶、蒸饭菜，姑娘则在闺房梳妆打扮。

比响结束后，双方芦笙队握手拥抱。老相识早被老友拉走，众新朋则被分配到各家各户。很快，喊酒声便回荡在村寨的夜空中。酒足饭饱，人们喝起油茶，吹起苗笛，弹起果哈（一种瓢形乐器），唱起歌儿，其乐融融。

斗　马

　　融水苗族养马基本不用于耕种、运输，大都用来斗马。这种马文化独具风格，养马、斗马更是彰显出苗族文化的魅力。

　　融水苗族对马尤其偏爱，对斗马更是呵护有加：其一，圈养牲畜时，猪、羊、牛可以圈养在一起，唯独马要专设马栏，单独圈养，悉心照护；其二，过年过节和婚丧嫁娶都要杀猪、宰牛，但对于马，苗家人绝不允许宰杀食用或打同年用（马跌死或老死、冻死才能食用），这就不难看出苗家人对马的珍爱程度；其三，某户母马生崽，人们会拎着酸鱼、酸肉和糯米甜酒前来马主家参加马崽的"三早"仪式，犹如主家新生儿女做"三早"酒般隆重。

　　苗家人养马代代相传，有丰富的相马经验：性情温和的马嘴巴大且直，颈小，耳朵长且直，听到主人的脚步声，它的耳朵就竖起来，并柔声嘶鸣呼唤主人；善打好斗的烈马头大，嘴巴勾，耳朵小，四蹄端正，肚子小，头部和尾部长的毛特别密，体型两头厚实、中间薄，利于打斗。马毛长成的旋涡在眼睛上部为好马；旋涡在眼睛下部则意味着常装眼泪，不吉祥，所以是劣马，养马的高手通常会把这种劣马换出或者卖掉。

融水苗族养马非常用心和讲究。每天清晨，女主人就前往山坡、冲沟或田间地头割马草，太阳即将冒出山头便返回，只用带露水的鲜草料和米糠喂马。除圈养在木楼底层的马栏外，还要定期将马放上山浪养几次，以养膘和培养野性。临近赶坡或节庆，还要给参加斗马比赛的马匹改善伙食，通常以黄豆粉、碎米、红薯、甜酒等喂食。有不少马主用糯米酒拌 2～4 个鸡蛋，每天喂食 2～3 餐，给马增强体能，为斗马夺冠奠定坚实的基础。

融水苗族通常在春节、芦笙节、赶坡会、新禾节、苗年等传统节日斗马。

苗家斗马场多设在山寨或坡会场地附近，斗马场必须中央为平地，四面有山坡围绕，既方便观看，又安全牢靠。

斗马按如下三个步骤进行。

选斗：由相关村寨推选出若干名组织者或裁判者去物色参加比赛的马匹。组织者或裁判者必须是懂得斗马规矩且多谋善断、主持公道的中年男子。

耍威：也称"走堂"。身穿斗马装的马主骑或牵着自家参赛斗马绕场走一圈，并向观众招手或挥鞭致意。斗马装的标准配置为对襟衣、头巾、绑带、系腰铜铃、花鞭。

相斗：先由一名骑手牵着一匹母马进入斗马场，再由两名骑手各牵一匹公马先后进入斗马场。先围着母马的公马见到后来的公马，即刻烦躁起来。而后来的公马看到有马捷足先登，也跟着烦躁，立即上前，边围着母马，边用身体试图

激烈厮斗

扫码看视频

挤开另一匹公马。两匹公马鼻子喷气，低声哼叫。"火山"即将喷发之时，骑手迅速松开缰绳。脱缰之马为争夺"爱情"，互不相让，立即厮斗起来，斗马场上很快烟尘滚滚。两匹公马时而腾空弹踢，用强有力的后腿猛踢对手；时而直立扬蹄抓斗，提腿对踢；时而张嘴露齿，咬成一团；时而相互追逐，狂奔乱跑。斗输那匹低头夹尾，落荒而逃；斗赢那匹昂首阔步，奋蹄直追。

全场观众被深深吸引，呼声迭起，掌声雷动，敲锣击鼓，呐喊助威。

斗马按复赛、决赛进行，以平局、赢局裁判。

平局：两马进村，久斗不分输赢，马主则分别用绳索套住自家的马匹并拉出斗马场，判为平局。

赢局：两马进场，刚一接触，一匹马就"怯堂"回避，不战自败，判"怯堂"马输；两马交锋，缠斗数个回合，一方不敌败逃，另一方紧追不放，判追击马取胜。

贺马：斗马结束，裁判按积分排出名次，并大声公布。顿时，场上鸣枪放炮，欢呼鼎沸。寨老为获胜者披红挂绿、颁发奖品。观众向获胜马主欢呼致意。

斗马场上夺魁，马和马主极其荣耀，声誉大盛。马主返家办宴席以庆贺。

若夺魁马主是未婚的小伙子，姑娘往往会主动邀请小伙子去她家做客，行歌坐妹，倾吐衷情。

因此，斗马对于苗家小伙子来说，是择偶的最佳途径之一，前提是小伙子的马在打斗中夺魁。这促使未婚小伙子更加悉心养马。

斗　牛

　　斗牛主要盛行于融水苗族自治县杆洞乡。秋收过后，农
闲时节，斗牛的黄金季节来临。村寨之间常选择秋、冬两季
的下弦亥日进行斗牛比赛。而相对隆重、盛大的斗牛活动，
当属正月十二百鸟衣坡会上的斗牛活动。

　　用于竞赛的牛均为水牛，有自养的，也有外购的。外购
斗牛多为村寨集体行为，购牛款由村寨各家各户认捐，平时
喂牛的饲料也由大家共同承担。

双雄争霸

逸趣盛情

斗牛的选择很讲究，需要符合如下基本标准：两角对称、尖锐，颈脖粗短，四肢健壮，身躯圆劲。

斗牛需要悉心饲养，不排劳役，定期喂食甜酒和鸡蛋。

百鸟衣坡会上，斗牛场人潮涌动，激动人心的斗牛比赛拉开帷幕。在人们的期待之下，参赛的斗牛在本寨人的高呼、簇拥中一一出场亮相。在牛前面的人鸣锣开道；跟着牛尾巴跑的人群鸣鸟枪、放鞭炮。斗牛围场跑两圈后退出场外。

格斗前夕，牛主端来一桶鸡蛋甜酒喂牛，以壮胆气。

格斗开始，只见两头牛从两个方向同时进入斗牛场，猛然互相冲去，额头轰然对撞，双角用力相抵，即使斗得鲜血淋漓也不退让半步。

斗牛输赢由裁判决定。通常情况下，只要一方出现颓势，牛主和工作人员就会用绳子套住牛后腿，将两头牛拉开。如果双方牛主事先商定让牛斗到底，则不必制止，直至输的一方败退逃出斗牛场。此刻，斗输的牛拼命逃，赢的一方奋勇追。牛主和工作人员则奋力拦截，以免发生意外。

比赛结束，牛主人牵引摘取桂冠的牛绕场跑三圈，随牛环跑的人们发出"呜啊！含喔喔"的喝彩声。

斗　鸟

融水苗家爱养鸟。

清晨，当第一缕霞光透出云层，苗族山寨便传出清脆的鸟鸣声。苗家爱鸟生活的一天从第一声鸟啼开始。

在苗族地区，你会看到田间地头的竹枝、树杈上挂着一个个鸟笼，动听的鸟鸣正从那里传出来，在山间回响；你会在山道或村寨巷道遇上携带鸟笼的汉子，笼里的鸟儿在欢跃歌唱；你还会看到腰系小虫笼，随时随地捕获蚂蚱带回去喂鸟的苗家人。

坡会上，提着鸟笼的"鸟友"纷纷向传统斗鸟场会集。

斗鸟的热身赛是赛啼。"鸟友"们来到会址，纷纷把自己的鸟笼挂上枝头，然后半掀笼罩巾，喂过鸡蛋之后，引导鸟儿鸣叫，这就是赛啼。上百笼鸟儿欢快跳跃，叽叽喳喳亮嗓高歌。众人一边听叫，一边相鸟，心里牢牢记住相中的好鸟，以便斗鸟结束后能够换到自己心仪的鸟儿。

赛啼之后就是斗鸟。斗鸟采取淘汰制，以抽签的方式决定比赛顺序。每场比赛有时间限制，通常采用滴漏计算时间。

斗鸟时，以上届"头笼"（冠军鸟）为"坐地虎"（拥有优先决斗权的鸟），抽到1号签的鸟先与之格斗。胜者笼位不移，输者离场。接着抽到 2 号签、3 号签、4 号签、5 号签等的鸟儿一一上阵。

两个鸟笼刚刚挨靠在一起，好斗的鸟儿就隔着鸟笼爪喙齐上、相互扑腾。笼口对接，笼门开通的一刹那，两鸟立即扑向对方。抢先一秒的鸟扑过对方的笼门，只见两鸟喙啄爪抓，绞作一团，一攻一守，一退一进，一会儿在甲笼激斗，一会儿从甲笼战到乙笼，一会儿又由乙笼追逐回到甲笼。直

苗族斗鸟

斗到一方被啄得头破血流、羽毛脱落，夹起尾巴团团乱转，"咯咯"尖叫求饶，斗赛方结束。此刻，围观者中响起"呜呀（好呀）！呜呀！"的喝彩声。

斗鸟常碰上两鸟没有啄斗的敌意，相互不厮拼，或者斗过一番便停止不斗的情况。这时就拿一只养着母鸟的笼子贴近，诱发醋意，刺激公鸟。在母鸟的引诱下，两只公鸟又展开激烈的争夺战，直至一方败退。

"斗通会"（方言，意为从头胜至尾）的鸟被授予"鸟王"的桂冠。如没有"斗通会"的鸟，则按斗赢场数（赢1只为1场）排序，获胜最多者封魁。夺魁鸟获得披红挂彩的荣誉。夺魁鸟的鸟主满面春风，喜笑颜开。

经过多年的实践、无数人的总结，融水养鸟人掌握了"相鸟经"：

水眼配白脚，

十斗九不落；

火眼配铁脚，

十斗九夺角；

三角头，

铁尺尾，

斗得最烂水（方言，意为勇猛）；

胸宽阔，

灰毛多，

斗到毛全落。

打同年

太阳偏西，踩堂结束，芦笙比响分出输赢，斗马、斗鸟决出胜负，赶坡的人们开始收拾物什，准备返家。只听某个村寨吹响"邀请曲"，男女老少呼啦啦围住相中的村寨。此刻，坡会的重要活动——打同年开始了。

2016 年 11 月，经广西壮族自治区人民政府批准，苗族打同年列入第六批自治区级非物质文化遗产代表性项目名录。

打同年又叫"打芦笙同年"或"打老庚"，是以村屯为单位进行集体交往的盛大活动。打同年的基本条件有三个：欲打同年的两个村屯人口大致相当，经济状况相差不大；两个村屯的小伙子都有打同年的强烈愿望（找对象的目的性很强）；两个村屯都没有红白大事干扰。

打同年与诸葛亮为苗族造笙的传说有关。

相传孔明为苗族造笙之后，村寨便有了欢声笑语。但当初芦笙活动，只在本村寨独自进行"秋嘎"和"坐嘎"，缺乏比较和刺激，玩得不够尽兴。随着苗族社会和芦笙活动不断发展，在"兄满"建议下，试办了首届芦笙同年，村寨之间关系密切了，男女青年友谊加深了，人心大快，生产劲头充

打同年的队伍准备进入村寨

足，田园丰收。苗族人民一致认为打芦笙同年是一项有益的社会活动，它加强了团结，增添了节日欢乐，于是通过"立岩"，作为习俗，沿袭至今。

打同年的招待等级有两种：普通类型的同年用猪，即"猪同年"，同年期间不设彩亭，不讲同年古理；特殊类型的同年用黄牛或水牛，即"牛同年"，这是最高接待等级和规格，同年期间设彩亭，讲同年古理。此外，还有"羊同年"，即宰羊待客。

通常出现如下三种情况之一打"牛同年"：

一是两个村寨相距比较远，平常很少往来，因某种机缘（比如坡会，坡会上常有较远的村寨翻山越岭前来赶坡）相聚了，主寨杀牛款待客人，用打"牛同年"来表达内心的喜悦与尊重。

二是两个村寨过去虽有往来，但关系一般。随着两村年轻人交往渐多，特别是一些年轻人喜结良缘，两村成了姻亲村寨，便用打"牛同年"的方式聚拢两个村寨的人气。

三是两个村寨曾经有积怨，但随着彼此之间不断来往，大家渐渐能和睦相处了，双方都希望友谊长久，于是打"牛同年"，同铸友谊链。

坡会活动结束前，各村寨开始"邀同年"。甲村如有意邀乙村打同年，甲村芦笙队便吹起同年曲，鸣放鞭炮，按三人一行、十人一列的队形将乙村芦笙队围起来，边吹边转圈。同时，甲村的寨老或芦笙头把一张大红纸贴在乙村大芦笙的响筒上，之后紧紧拉住乙村芦笙头的手，发出热情邀请。

有时，两村已提前讲好要打同年，此时乙村愉快接受邀请。有时，乙村芦笙队事先没有获得信息，还没有思想准备。乙村芦笙头与本村寨老商量后，给甲村回话。若乙村不接受甲村的邀请，则说明理由，甲、乙两村互相祝福；若乙村接受甲村邀请，甲村芦笙队就吹起迎宾曲，走在前头，甲村的踩堂队和男女老幼簇拥着乙村众人跟在后，同时派人抢先回村报告，全村行动起来，准备迎客打同年。

邀请打同年的村寨早早就做好准备，在寨门口摆放拦路酒。

队伍渐渐走近寨门。寨老们身着节日盛装，肃然站立在酒桌旁。提前赶回家的男女老少列队站在入村道路两旁迎候客人。

客人来到寨门前。主寨寨老与客寨寨老紧紧握手，互说

拦路酒迎客

吉利话。之后，主寨寨老端起桌子上的酒碗，双手递给客寨寨老。客寨寨老也双手接过酒碗，仰头一口喝下，然后双手将碗递还主寨寨老，并讲吉利话。

主寨歌师盘问：

白云隔中间，老虎坐山头，
龙王拦江中，亲友如何来？

客寨歌师回答：

用双脚当篙，撑着芦笙船，
顺着江河行，拿着心意来！

主寨寨老在前头引路，客寨寨老紧跟其后，芦笙队、踩堂队和老少跟随，众人走向主村寨的芦笙堂。走过寨门时燃放鞭炮，吹三支入村曲。

　　进入主寨芦笙堂，客寨寨老引领芦笙队绕主寨芦笙柱转三圈，边转边燃放鞭炮。芦笙头面向东方领吹，芦笙队合奏三曲。

　　踩堂曲响起，客寨的姑娘围着芦笙队踩堂。一曲终了，一曲又起。此刻，主寨的姑娘纷纷入场，与客寨的姑娘一起踩堂。主寨的男女老少围着芦笙堂，欣赏着，评论着，直至夜幕降临。

　　踩堂曲缓缓停下。主寨寨老主持分配客人。主寨家家户

芦笙队在主寨芦笙堂吹响芦笙

宾主尽欢

户派出代表到芦笙堂来"分抢"客人。若主寨的小伙子看中
客寨的某个姑娘，或主寨的姑娘迷上了客寨某个小伙子，根
本等不及寨老分配，而是"先下手为强"，上前拉住客人的手，
将他（她）及其伙伴全部"强邀"至家中。除了俊男靓女，
博古通今、能说会道、能唱能歌的阿叔、阿姨也很抢手。不
久，村寨里响起"呀——呜""呀——呜""依——呀——呜"
的欢快喊酒声。

　　第二天中午，村寨里要进行讲芦笙同年的活动。

　　主寨年轻人一大早就在寨老的组织下搭建同年亭（即松
枝彩门）。一部分人采松枝叶，一部分人负责用竹木架设同年亭。同年亭选在篮球场、旱田、草坪等较为宽阔的地方，通常以能够容纳主客两村寨的人为宜，也可在本村的芦笙坪上。同年亭搭好之后，在彩门上挂一幅苗锦。

午饭过后，讲芦笙同年活动正式开始。两村老少齐聚同年亭前。活动由主寨寨老或善于唱歌、懂得古规古理者主持。主持人大声宣布活动开始，顿时鞭炮、铁炮齐鸣。若是"牛同年"，则要将牛牵到芦笙堂中，绕客寨芦笙队转三圈，并对牛讲话，再牵牛出场宰杀。

之后，主持人宣布讲芦笙同年开始。

主寨寨老等人面东而坐，客寨寨老等人面西而坐。在座都是两村精英：应变能力强的歌手、博古通今的长者和机智幽默的小伙子。客人旁边置一张桌子，桌子上摆放几十个小

打同年对歌

杯子，小杯子全部底朝天。

主客一问一答开始讲芦笙同年。开茶歌对答完毕，主寨寨老取下苗锦，为客人倒第一杯茶；史歌对答完毕，倒第二杯茶，然后请客寨讲芦笙同年。客寨与主寨开始新一轮一问一答，内容有茶歌、史歌、同年古理和赞颂歌等。

主寨歌师唱：

夜夜河水流，流下贝江河，
今夜水打转，围绕你和我。
夜夜螺蛳走，走进闷水窝，
今夜螺打转，围绕你和我。

客寨歌师回答：

旧年燕子鸟，不忘旧屋梁，
春天又回来，生儿育女养。
想起老交情，夜夜睡不着，
今夜借酒来，敬我同年哥。

讲芦笙同年仪式结束，芦笙踩堂登场，主客两寨尽情欢乐。

下午 5 时许，同年会餐开始。只见一个个圆桌铺满球场或芦笙堂，端菜的帮厨穿梭在圆桌间，很快，酸鱼、酸肉、鸡、笋汤等菜肴摆满桌。主客搭配，十人一席。主寨寨老致欢迎词，然后举杯，全场欢呼"喔呀""呀唷"。有的村寨摆

同年会餐

长桌宴，主客双方穿插面对面而坐。主客双方推杯换盏，互
表深情。

　　打同年的晚上，苗笛之声、果哈之乐和苗歌响遍寨里寨
外。同年之夜，最具风情的要数火塘坐妹。

　　融水苗族地区家家户户建有火塘。火塘由一个正方形或圆
形的水泥地台加一只铁三角（作为炉灶）组成，多安置在堂屋中
央或稍偏些。火塘在人们日常生活中占据比较重要的位置，家庭
生活多围绕着火塘而进行，甚至连祭祖都在火塘边。苗族人日常
干活在火塘边，吃喝休闲在火塘边，行歌坐妹也在火塘边。

　　坐妹是流行于苗族、侗族等少数民族聚居区的婚恋民俗
活动，男女青年借此建立友谊、物色对象，乃至订下终身。
平时也有坐妹活动，而活动的高峰期则是在年节坡会期间。

坡会期间，特别是打同年的过程中，若是相中某位姑娘，吃过晚饭之后，小伙子就会邀上伙伴去姑娘家。小伙子们来到姑娘家的木楼门前，吹起口哨打招呼。若是能够吹起悠扬动听的苗笛或弹起果哈，低吟浅唱，则更能够吸引姑娘甚至

扫码看视频

同年之夜，火塘坐妹

她的家人。木楼很快响起脚步声，姑娘的姐姐或嫂子或母亲或奶奶知道有小伙子来坐妹了，便打开房门，把客人引到火塘边坐下。聪明伶俐的姑娘早就在火塘边架锅打油茶了，而姑娘的父母、兄弟、姐妹也到火塘边陪坐聊天。

小伙子们开始还不好意思，倒是姑娘家的长辈风趣幽默地催促小伙子。于是，小伙子开始唱歌说明来意。几轮下来，油茶也煮好了，姑娘端起油茶递给客人。主客双方其乐融融地边喝油茶边聊天。

坐妹的形式多种多样，内容也不尽相同。唱歌、赛歌活动是坐妹过程中最有特色的一种活动。

姑娘围坐火塘一边，后生围坐火塘的另一边，其他听众、观众则围坐（或站）于姑娘、后生的周围。

赛歌时多数由后生起头，形式是一问一答，内容多为赞歌、古歌、盘歌以及社交、娱乐类的歌，还有情歌等。如：

祝英台，哥是南山远路来，
南山路多哥愿闯，来望妹家桃花开。
下冲有水上冲干，口水干了话难完，
只等妹你来开口，为妹哥愿掏心肝。

催得久来妹也唱，不然讲妹翘价多，
不唱又讲妹嫌弃，唱来怕讲妹风流。
唱支山歌解闷忧，男唱女还接水流，
唱来接来哥同妹，接进花园踢绣球。

歌有世代相传的，也有歌者即兴编唱的。在这样的场合下，男女青年往往非争个高下不可。而前来听歌看唱的人也是兴致勃勃，每当唱到精彩处，人们都尽情鼓掌、欢呼。

　　坐妹也有纯粹是聊天逗趣的。小伙子使尽浑身解数，搜刮所有肚肠，为的是博取姑娘一笑。若小伙子有丰富的外出务工经历，与众不同的见识将给他增添优势，让他比较容易获取姑娘芳心。

　　若是聊得投机、唱得尽兴，姑娘的家人便拿出酒和下酒菜，与来访的小伙子开怀畅饮。若是姑娘有兄弟，则由兄弟陪客。若是没有兄弟，则叫来房族兄弟陪客。姑娘的父亲只陪喝几杯就退出酒场。数巡之后，酒兴勃发，大家端起酒碗

姑娘吹奏苗笛

逸趣盛情

非
遗
广
西

坡会
苗寨里的年节盛典

（杯）一齐站起，甲递给乙，乙递给丙，丙递给丁……大家弯腰搭背，站着听酒友讲酒理、唱酒歌。当讲到好处、唱到乐处时，大伙齐声高喊"唷——唷"，声音如波浪起伏。

有时在喊酒之后，会进行"扯耳朵换酒"活动。有双人扯耳朵换酒，即人们向身旁或对面的人敬酒，对方欣然答应之后，双方右手端酒碗（杯），左手同时扯住对方的耳朵，然后将酒递到对方的嘴边，双方都将酒饮下之后才将手收回。也有群体扯耳朵换酒，凡参加饮宴的人都参加。大家端起酒，甲扯住乙的耳朵，乙扯住丙的耳朵，丙扯住丁的耳朵……然后甲将手中的酒碗（杯）递到乙的嘴边，乙将酒碗（杯）递到丙的嘴边，丙将酒碗（杯）递到丁的嘴边……你敬我，我敬他，他敬你，大家畅饮后才将手放下。

坐妹常常通宵达旦。大家热闹一番后，作陪的亲友们就自觉回避，留下有情人用对歌的方式悄悄地吐露心曲。次日早上临别时，小伙子如果对姑娘有意，便故意将一物件遗落在姑娘家，以表达心意。姑娘若中意小伙子，愿意继续交往，便把小伙子的东西收藏起来。小伙子不见姑娘把东西退回来，便喜上眉梢。若姑娘不中意小伙子，第三天就把东西送还给小伙子。收到姑娘送回的东西，小伙子也就知趣地不再打扰姑娘。

第三天早上，客人在主家吃过早饭之后，人们聚集到主寨芦笙堂。主客两寨芦笙队合奏踩堂曲，姑娘们踏步跳踩堂舞。

客寨的人们即将离寨返家。主寨的人们依依不舍，一再挽留。各家各户纷纷把糯米饭包塞进客人手里，把酸鸭、酸鱼等挂在客人肩上。猪头或牛头、羊头由主寨寨老郑重地交

116

付客寨寨老，寓意尊重与友好。

　　主家拉着客人的手，边挪步边诉说衷情，小半天才走到寨门口。通常，将客人送到村口后，主寨的人便停下。客人的身影渐渐远去，双方举在头顶上的手依然在挥动。老朋友则送到村寨外的桥头或坳口。已有情愫的阿哥、阿妹更是难舍难分，送了一程又一程，途中还在树荫下、凉亭里唱起绵绵情歌。

酸鱼、酸鸭等挂满肩头

坡场人家

坡会之家

　　融水苗族系列坡会群呈现自觉的、活态的传承。最明显的是每年坡会,外出求学、务工人员大多尽可能回乡赶坡。而苗家女孩基本上在每个年龄段都会有参加坡会用的苗族盛装。

　　在融水,苗族村寨基本上都有自己的芦笙堂,各家各户大多围着芦笙堂修建木楼。而坡场多修建在几个村寨相对居中的位置。坡场辐射范围内的村寨,犹如太阳系的行星围绕着太阳一样围绕着坡场。

　　在远处遥望,坡场四周分布着一个个村寨,散落着一户户人家。

　　在每年约定俗成的日子里,不论艳阳高照还是刮风下雨,坡场人家都聚集到坡场,祭芦笙柱、吹奏芦笙、欢跳踩堂,用他们的真诚与虔诚,维系苗山坡会,传承苗族文脉。

　　1962年11月20日,凤绍明出生于融水苗族自治县安陲乡吉曼村吉曼屯的创节世家。祖父凤老积、父亲凤瑞祥分别是吉曼村松树坳芦笙节和江门村金竹沟芦笙节的创始人。

　　在家庭的影响和苗族文化的熏陶下,少年凤绍明积极参加坡会活动。参加工作后依旧初心不改,"自带干粮"参与坡会活动的组织管理工作。

20 世纪 80 年代末，凤绍明在安陲乡政府工作期间，提议将分散在本乡各地的芦笙节整合起来，建立一个全乡性的大坡会。安陲乡党委、政府采纳他的建议并在全乡人大主席团会议上讨论通过，确定从 1989 年起，每年农历正月十七在安陲乡政府所在地附近举行坡会。这就是苗族系列坡会群的压轴活动"安陲乡十七坡"。

在凤绍明带领的筹备组的精心组织下，1989 年农历正月十七，安陲乡十七坡盛大开幕，三十多堂芦笙、五支芒筒队、三万群众云集坡场，锣鼓喧天，鞭炮炸响，笙歌蝶舞，盛况空前。

为了推动融水苗族系列坡会群的有序传承、健康发展，

凤绍明（右一）组织排练节目

退休之后的凤绍明退而不休，欣然出任融水苗族自治县芦笙协会会长，组织县直机关芦笙队于坡会期间轮流与各村寨芦笙队打同年。同时，组织安排县芦笙协会创作排练了一批具有观赏性、娱乐性和观众参与性的芦笙演奏节目，分期到各个坡会点上进行表演，丰富了坡会的活动形式与内容。

2006 年 5 月，经国务院批准，苗族系列坡会群列入第一批国家级非物质文化遗产代表性项目名录。2019 年 12 月，

凤文参加坡会活动

凤绍明被认定为第六批自治区级非物质文化遗产代表性传承人。对于坡会的传承和苗族文化的发展，凤绍明有自己的思考。他十分坚定地把女儿凤文、儿子凤鹏培养成坡会第四代传承人。

凤绍明认为，要想建立一个坡会传承群体，形成浓郁的坡会传承氛围，必须首先把自己的家人动员起来。因此，女儿、儿子打会走路就开始接触坡会。女儿是每年坡会的常客，是县直机关坡会打同年的踩堂队员，从跟在踩堂队伍末尾的小尾巴，逐渐成为踩堂队的主力队员。

在凤绍明的引导与培养下，2010年，女儿凤文正式加入苗族系列坡会群的传承人队伍；2018年，儿子凤鹏也正式加入苗族系列坡会群的传承人队伍。至此，一个苗族系列坡会群传承之家诞生了。

凤绍明苗族系列坡会群传承谱系如下：

代别	姓名	性别	民族	出生时间	文化程度	开始学艺时间	传承方式
一	凤老积	男	苗族	（不详）	（不详）	（不详）	师传
二	凤瑞祥	男	苗族	1938年	小学	1950年	师传
三	凤绍明	男	苗族	1962年	本科	1985年	师传
四	凤文	女	苗族	1987年	本科	2010年	师传
	凤鹏	男	苗族	1993年	大专	2018年	师传

女儿凤文、儿子凤鹏成了苗族文化的粉丝，更成为父亲弘扬坡会文化的得力助手。

芦笙之家

每逢坡会必有芦笙。

坡会离不开芦笙，芦笙是坡会之魂。因为芦笙，坡会充盈着苗族文化的灵性。

芦笙离不开坡会，坡会是芦笙之海。因为坡会，芦笙获得了传承发展的社会空间与丰富多姿的人文内涵。

因此，芦笙在苗族人心目中有特别的意义，制作芦笙的师傅在融水苗族地区有着很高的地位。

2012年5月，经广西壮族自治区人民政府批准，苗族芦笙制作技艺列入第四批自治区级非物质文化遗产代表性项目名录。2019年12月，梁利被认定为第六批自治区级非物质文化遗产代表性传承人。

梁利家住融水苗族自治县四荣乡荣塘村翁牛屯，而翁牛屯是正月初四融水苗族自治县四荣乡嘎直坡会的主办村屯之一。梁利的家就在嘎直坡会举办地的半山腰，站在他家门口，一低头就能够将坡会的芦笙堂收入眼底。

梁利1972年9月23日出生于芦笙制作世家，1986年跟随父亲学习制作芦笙，1990年出师开始独自制作芦笙。梁利每年制作芦笙六百多把，修理芦笙一千多把，先后制作上万

苗族芦笙制作技艺
自治区级代表性传
承人梁利

把芦笙。

　　梁利制作的芦笙在芦笙比响中成绩突出，常获得第一名，
深受各村屯芦笙队的青睐。

　　梁利芦笙制作技艺传承谱系如下：

代别	姓名	性别	民族	出生时间	文化程度	开始学艺时间	传承方式
一	梁玉林	男	苗族	1909 年	（不详）	1922 年	师传
二	梁政治	男	苗族	1936 年	（不详）	1950 年	师传
三	梁　利	男	苗族	1972 年	小学	1986 年	师传
四	梁　向	男	苗族	1975 年	初中	1995 年	师传

梁利的芦笙工坊开在自家木楼里，是家夫妻店，妻子马佩珍是他的得力助手。除了安簧片，制作芦笙的其他工序她都很熟悉。

梁利有两个女儿。大女儿梁鲜花，2021年7月毕业于广西民族大学，现为南宁市第十三中学教师。小女儿梁春云，2021年9月起就读于广西幼儿师范高等专科学校。受父亲的影响，姐妹俩从小就喜欢苗族文化，她俩是嘎直坡会上有名的姐妹花，年年都参加坡会。

姐姐梁鲜花特别喜欢踩堂，踩堂舞跳得很好。她说，在广西民族大学读书的时候，苗族舞蹈是她在文娱活动里的保留节目，深受同学们的欢迎。

妹妹梁春云则钟爱芦笙，儿时起就跟父亲学吹芦笙。她在融水苗族自治县民族高中读书期间，是学校芦笙队的主要成员之一，代表学校参加比赛屡获名次。

由于疫情影响，2020年和2021年春节并未举办坡会。2022年春节前，县里下发通知，暂时停办坡会。

2022年2月3日晚上，姐妹俩经过商量，决定第二天穿上百鸟衣去坡场，放鞭炮、吹芦笙，祭祀芦笙柱。

父母十分理解她们的想法。母亲马佩珍连夜将赶坡穿戴的百鸟衣、头圈、项圈等从柜子里拿出来一一摆放好，便于第二天一早姐妹俩穿戴。

父亲梁利也很希望第二天陪姐妹俩到坡场祭拜芦笙柱——他是芦笙师傅，每年坡会祭拜芦笙柱是应该的。遗憾的是，第二天凌晨4点他就得出门，赶到白云乡、安陲乡等地修理芦笙，

梁利和妻子马佩珍、小女儿梁春云

以免影响他们年节踩堂和比响，所以不能陪姐妹俩去坡场祭拜芦笙柱了。

临睡前，妹妹梁春云在父亲梁利的指导下吹起了芦笙。

第二天早上，姐姐梁鲜花起床做早饭。吃过早饭，姐姐梁鲜花细心地帮妹妹梁春云穿好赶坡盛装百鸟衣，她还挑选出两套盛装帮南宁师范大学的两位女同学穿好。

据姐姐梁鲜花介绍，以前赶坡时，大多走到坡场附近才穿戴苗衣和首饰。因为是走路去的，穿着苗衣不方便。现在有汽车了（父亲买了一辆面包车，方便运送制作芦笙的材料和制作好的芦笙），可以先把衣服穿好，裙子和首饰到了坡场

芦笙柱下合影

再穿戴。

正准备出门，舅舅拎着一只兔子进家了。舅舅告知他们，外婆和其他亲戚今天要来走年，舅舅先来帮弄菜。妈妈马佩珍只好遗憾地表示不能陪姐妹俩一起去坡场祭拜芦笙柱了。

妹妹梁春云噘起了嘴巴。幸而在几位好友的陪伴下，她很快又活泼起来。

正午时分，大家来到坡场。

妹妹梁春云吹奏芦笙在前面引路，姐姐梁鲜花领着几位同学随后进入坡场。大家肃立于芦笙柱前，向芦笙柱微微鞠躬。

梁春云把芦笙靠放在芦笙柱上，然后把鞭炮拆开，绕芦笙柱一圈。鞭炮声响起，梁春云随之吹响芦笙。梁鲜花带着几位好友踩堂。

夕阳西下，梁鲜花、梁春云姐妹俩和好友们共同返家。大家围坐在火塘边，兴高采烈地聊起坡会上发生的趣事。妹妹梁春云忙着在朋友圈发视频，她说，以后要邀请广西幼儿师范高等专科学校的同学来赶坡！

芒篙世家

正月初七，安陲乡乌勇屯芒篙坡会临近，芒篙面具师傅杨胜福开始忙碌起来。

杨胜福 1984 年 7 月 5 日出生于芒篙世家。曾祖杨老四、祖父杨老文过去都是扮演芒篙的好手，父亲杨汉德既是芒篙扮演者又是芒篙面具制作者。1994 年，杨胜福开始向父亲杨汉德学习扮演芒篙，1996 年跟随父亲学习芒篙面具制作技艺，2002 年正式成为芒篙面具制作师傅，独立制作芒篙面具供本村和邻村芒篙表演队使用。学成出师后，他选中堂弟杨勇、杨贵福作为该项目传承体系的第五代传承人。2016 年 11 月，经广西壮族自治区人民政府批准，苗族芒篙节列入第六批自治区级非物质文化遗产代表性项目名录。2017 年 11 月，杨胜福被认定为第五批自治区级非物质文化遗产代表性传承人。

在芒篙表演和芒篙面具制作实践中，杨胜福常与乡里其他老师傅切磋交流，不断探索、学习和总结，制作了一批批工艺精湛、手法夸张、神态各异的芒篙面具。杨胜福同时擅长制作芒篙穿用的芒衣、芒腿（手）套、芒草鞋、芒拐杖等。他还是芒篙的扮演者，常扮演领头芒篙。杨胜福现已成为融水名望较高、影响较大的芒篙面具制作师傅和芒篙扮演者之一。

杨胜福芒篙面具制作传承谱系如下：

代别	姓名	性别	民族	出生时间	文化程度	开始学艺时间	传承方式
一	杨老四	男	苗族	1918 年	（不详）	1931 年	师传
二	杨老文	男	苗族	1935 年	（不详）	1950 年	师传
三	杨汉德	男	苗族	1958 年	（不详）	1975 年	师传
四	杨胜福	男	苗族	1984 年	初中	1994 年	师传
五	杨 勇	男	苗族	1992 年	初中	2003 年	师传
	杨贵福	男	苗族	1993 年	初中	2005 年	师传

正月初九就是乌勇芒篙坡会了。坡会前夕，杨胜福需要张罗三件事。

第一件事是修整芦笙。坡会前夕，杨胜福要和村里的人一起把芦笙放在位于村中央的小学旧址，一一吹奏检验，如果发现有些芦笙的音调不准，就要请芦笙制作师傅来检修，否则会影响芒篙坡会的芦笙踩堂和芦笙比响。

他们预约了为乌勇村制作这堂芦笙的梁利师傅。乌勇村预约的档期排到正月初八的晚上。正月初八那天，梁利师傅忙完邻村的芦笙修理工作，差不多晚上 8 点才到达乌勇村，在杨胜福家匆匆忙忙扒两碗饭，酒也不喝便开始检修乌勇村的芦笙。

第二件事是组织人上山采芒草。正月初八这天，选定的芒篙扮演者要分头上山采集芒草，将芒草藏在很隐蔽但离村子不远的地方备用。

第三件事是检查和修理芒篙面具。正月初八这天，杨胜福带着徒弟把芒篙面具拿出来，一一检查，在脱色之处补色。杨胜福很欣慰地说，他带出来的两名徒弟都不错。

　　初九清晨，天刚蒙蒙亮，杨胜福便带领帮手们来到放置芒草的地方，协助芒篙扮演者穿好芒草编织成的披肩、衣裙、绑腿，又用深色泥巴涂抹他们的手脚，再给他们戴上面具和胡须。

　　公鸡把太阳啼上云宝山头。杨胜福拿着芦笙旗来到芦笙堂，和徒弟一起将芦笙旗紧紧地绑在芦笙柱上。

杨胜福检查并修理
芒篙面具

杨胜福协助
装扮芒篙

　　吃过早饭，来赶芒篙坡会的人们聚集在芦笙堂。祭品摆放好后，杨胜福主持祈祷仪式。他将点燃的香齐眉举起，虔诚地念诵祈祷词，希望芒篙给村寨带来福运。

　　祭祀仪式结束后，鞭炮声响起，人们吹起芦笙，跳起踩堂舞，芒篙也加入欢乐的人群。芦笙堂里的乡亲们欢呼雀跃，"呜啊！呜啊！"的喊声在乌勇屯上空回旋。

三代同坡

　　贾云，苗族人，1977年9月1日出生于融水苗族自治县安太乡培地村。她初中毕业便外出务工，后落地浙江，在那里结婚安家。2011年，女儿王诗诗出生。从此，她对故乡的坡会便多了份牵挂与眷恋。

　　女儿满4岁的时候，贾云就像南来北往的大雁，过完年初三，就从浙江返回融水苗族自治县安太乡培地村的娘家，为的是带着女儿王诗诗赶坡。

　　外婆贾翠荣一年之中最开心的时候就是帮孙女贾苗凤、外孙女王诗诗穿戴苗服，带着她们去赶坡；表姐贾苗凤最乐意的事就是每年表妹王诗诗回来的时候，带着表妹去赶十三坡。

　　王诗诗对于十三坡丝毫没有陌生感。4岁那年首次赶坡，她便穿着外婆准备好的小苗衣，兴奋地跟随培地村的芦笙队，从培地村芦笙堂出发，独立走了五六里路到十三坡场。

　　正月十三那天，王诗诗早早就起床，表姐还想多睡一会，她就把表姐硬拉起床。表姐有点不愿意，嘟囔道：中午才赶坡呢！

　　外婆早早就在火塘生好火，堂屋里暖烘烘的。两套精美的小苗衣摆放在凳子上。

　　已经不是第一次赶坡了，但王诗诗还是很兴奋。她的苗衣是新做的，4岁那年穿的苗衣已经小了，外婆年前又重新做了一套。外婆贾翠荣与许许多多外婆、奶奶一样，每年都要花心思去测量孙女或外孙女的身高，以便实时更新她们的小苗衣。

　　忙活大半个上午，穿好苗衣，吃过早饭，王诗诗不等广播呼叫就早早来到培地村的芦笙堂等候。第三次赶坡，她依

贾云和妈妈贾翠荣、女儿王诗诗

旧新鲜感十足。

终于出发了。培地村的芦笙队在本村芦笙堂吹奏一圈之后，便向十三坡的坡场进发。王诗诗兴奋地在队伍中间蹦跳，外婆和表姐紧跟在她身后。

十三坡场，人潮涌动。在融水苗族系列坡会群里，十三坡堪称"首坡"，每年参加坡会的人数基本上排在首位，从外地前来赶坡的人也特别多，外地的车辆常常沿公路摆放十几二十里。

寨老主持祭拜培地村的芦笙柱后，王诗诗和表姐苗凤汇入踩堂队伍，妈妈和外婆在围观人群里看着她们。往年贾云也一起参加踩堂，今年因为原来的苗衣不太合身，所以她陪妈妈贾翠荣在外围观看。

坡会上，像贾翠荣这样的三代同坡甚至四代同坡的人家还有不少。看到坡场上激情奔放的人群，就能够预见，坡会的明天会更好。

附录

项目简介

◆ **苗族系列坡会群**

国家级非物质文化遗产代表性项目

项目序号：495

项目编号：X-47

公布时间：2006 年（第一批）

类别：民俗

类型：新增项目

申报地区或单位：广西壮族自治区融水苗族自治县

保护单位：融水苗族自治县文化馆

苗族系列坡会群是以苗族为主的各族人民悼念先烈、禳灾祈福、鼓舞斗志、交流感情、集体聚会娱乐的盛大民间传统节日，于每年农历正月初三至正月十七举行，在此期间每天都有坡会，连续不断，形成坡会链，是为系列坡会群。主要流行于广西壮族自治区融水苗族自治县各乡镇村屯。根据相关口述资料，实际形成与存在的历史，在100年至300年之间。

　　从农历正月初三至正月十七，以时间为序排列，苗族系列坡会群中规模较大、极有代表性的坡会有：正月初三大年乡整英坡会、正月初四四荣乡荣塘村嘎直坡会、正月初五拱洞乡平卯坡会、正月初六安太乡培地村沛松坡会、正月初七拱洞乡拱洞坡会、正月初八良寨乡能邦坡会、正月初九安陲乡乌勇屯芒篙坡会、正月初十红水乡良双村整依直坡会、正月十一安太乡元宝村整堆坡会、正月十二杆洞乡百鸟衣坡会、正月十三安太乡整欧坡会、正月十四白云乡邦阳村更喔坡会、正月十五香粉乡大坡坡会、正月十六香粉乡古龙坡会、正月十七安陲乡芒篙节。活动内容丰富多彩，既有传统祭祀仪式，又有比赛娱乐项目，其中以吹芦笙踩堂为主，同时还有斗马、赛马、芒篙表演等多种活动。

　　节庆给当地民众带来的不仅仅是聚会活动的契机，更让人们在赶坡中实现展示才华、谈情说爱、交友叙旧的愿望，同时为传递信息、交流技术、商贸往来提供了平台，展现出这个地区以苗族为主的各族人民的生产生活特征、风俗习惯、民族审美情趣，它凝聚了民族的共同情感，增强了民族文化认同感、凝聚力和向心力，具有极高的价值。2006年5月，经国务院批准，苗族系列坡会群列入第一批国家级非物质文化遗产代表性项目名录。

扫码看视频

梁炳光 LIANG BINGGUANG

苗族系列坡会群国家级代表性传承人

梁炳光，男，苗族，1941年生，广西融水苗族自治县人。2006年5月，经国务院批准，苗族系列坡会群列入第一批国家级非物质文化遗产代表性项目名录。2012年12月，梁炳光被认定为第四批国家级非物质文化遗产代表性传承人。

梁炳光从小跟随父亲参加坡会，耳濡目染，会吹几十种芦笙曲调，会跳各种芦笙舞，会唱各坡会的苗歌。他是远近闻名的芦笙制作师傅，技艺精湛，每年制作芦笙300多把，修复芦笙上千把。他刻苦钻研，在实践中创立一套严谨的工作流程，不但总结、改进了芦笙部件的材料选择和制作方法，还突破传统六音管笙制造工艺，制作出九管、十二管、十九管改良芦笙，拓宽了芦笙的音域和表现力。他制作的大、中、小芦笙及地筒不但造型美观，而且发出的声音洪亮。

多年来，梁炳光带队参加各项民族传统节日活动 500 多次，并多次夺冠。2006 年，他荣获柳州市"十佳民间艺人"称号。

梁炳光以弘扬民族文化为己任，先后授徒 60 多人，徒弟遍及十多个乡镇，极大地推动了坡会文化和芦笙制作技法的传播。

广西国家级非遗代表性项目名录

序号	名称	类别	公布时间	保护单位
1	布洛陀	民间文学	2006年（第一批）	田阳县文化馆
2	刘三姐歌谣	民间文学	2006年（第一批）	河池市宜州区刘三姐文化传承中心
3	壮族嘹歌	民间文学	2008年（第二批）	平果县民俗文化传承展示中心
4	密洛陀	民间文学	2011年（第三批）	都安瑶族自治县文化馆
5	壮族百鸟衣故事	民间文学	2014年（第四批）	横县文化馆（横县非物质文化遗产保护中心）
6	仫佬族古歌	民间文学	2021年（第五批）	罗城仫佬族自治县文化馆
7	侗族大歌	传统音乐	2006年（第一批）	柳州市群众艺术馆
8	侗族大歌	传统音乐	2006年（第一批）	三江侗族自治县非物质文化遗产保护与发展中心
9	多声部民歌（瑶族蝴蝶歌）	传统音乐	2008年（第二批）	富川瑶族自治县文化馆
10	多声部民歌（壮族三声部民歌）	传统音乐	2008年（第二批）	马山县文化馆
11	那坡壮族民歌	传统音乐	2006年（第一批）	那坡县文化馆
12	吹打（广西八音）	传统音乐	2011年（第三批）	玉林市玉州区文化馆
13	京族独弦琴艺术	传统音乐	2011年（第三批）	东兴市文化馆

序号	名称	类别	公布时间	保护单位
14	凌云壮族七十二巫调音乐	传统音乐	2014年（第四批）	凌云县文化馆
15	壮族天琴艺术	传统音乐	2021年（第五批）	崇左市群众艺术馆
16	狮舞（藤县狮舞）	传统舞蹈	2011年（第三批）	藤县文化馆
17	狮舞（田阳壮族狮舞）	传统舞蹈	2011年（第三批）	田阳县文化馆
18	铜鼓舞（田林瑶族铜鼓舞）	传统舞蹈	2008年（第二批）	田林县文化馆
19	铜鼓舞（南丹勤泽格拉）	传统舞蹈	2014年（第四批）	南丹县非物质文化遗产保护传承中心
20	瑶族长鼓舞	传统舞蹈	2008年（第二批）	富川瑶族自治县文化馆
21	瑶族长鼓舞（黄泥鼓舞）	传统舞蹈	2011年（第三批）	金秀瑶族自治县文化馆
22	瑶族金锣舞	传统舞蹈	2014年（第四批）	田东县文化馆
23	多耶	传统舞蹈	2021年（第五批）	三江侗族自治县非物质文化遗产保护与发展中心
24	壮族打扁担	传统舞蹈	2021年（第五批）	都安瑶族自治县文化馆
25	粤剧	传统戏剧	2014年（第四批）	南宁市民族文化艺术研究院（南宁市戏剧院、南宁市非物质文化遗产保护中心）
26	桂剧	传统戏剧	2006年（第一批）	广西壮族自治区戏剧院
27	采茶戏（桂南采茶戏）	传统戏剧	2006年（第一批）	博白县文化馆
28	彩调	传统戏剧	2006年（第一批）	广西壮族自治区戏剧院

序号	名称	类别	公布时间	保护单位
29	壮剧	传统戏剧	2006年（第一批）	广西壮族自治区戏剧院
30	侗戏	传统戏剧	2011年（第三批）	三江侗族自治县非物质文化遗产保护与发展中心
31	邕剧	传统戏剧	2008年（第二批）	南宁市民族文化艺术研究院（南宁市戏剧院、南宁市非物质文化遗产保护中心）
32	广西文场	曲艺	2008年（第二批）	桂林市戏剧创作研究院（桂林市非物质文化遗产保护传承中心）
33	桂林渔鼓	曲艺	2014年（第四批）	桂林市群众艺术馆
34	末伦	曲艺	2021年（第五批）	靖西市文化馆
35	抢花炮（壮族抢花炮）	传统体育、游艺与杂技	2021年（第五批）	南宁市邕宁区文化馆（南宁市邕宁区广播影视站）
36	竹编（毛南族花竹帽编织技艺）	传统美术	2011年（第三批）	环江毛南族自治县非物质文化遗产保护传承中心
37	贝雕（北海贝雕）	传统美术	2021年（第五批）	北海市恒兴珠宝有限责任公司
38	骨角雕（合浦角雕）	传统美术	2021年（第五批）	合浦金蝠角雕厂
39	壮族织锦技艺	传统技艺	2006年（第一批）	靖西市文化馆
40	侗族木构建筑营造技艺	传统技艺	2006年（第一批）	柳州市群众艺术馆
41	侗族木构建筑营造技艺	传统技艺	2006年（第一批）	三江侗族自治县非物质文化遗产保护与发展中心

序号	名称	类别	公布时间	保护单位
42	陶器烧制技艺（钦州坭兴陶烧制技艺）	传统技艺	2008年（第二批）	广西钦州坭兴陶艺有限公司
43	黑茶制作技艺（六堡茶制作技艺）	传统技艺	2014年（第四批）	苍梧县文化馆
44	米粉制作技艺（柳州螺蛳粉制作技艺）	传统技艺	2021年（第五批）	柳州市群众艺术馆
45	米粉制作技艺（桂林米粉制作技艺）	传统技艺	2021年（第五批）	桂林市戏剧创作研究院（桂林市非物质文化遗产保护传承中心）
46	龟苓膏配制技艺	传统技艺	2021年（第五批）	广西梧州双钱实业有限公司
47	壮医药(壮医药线点灸疗法)	传统医药	2011年（第三批）	广西中医药大学
48	京族哈节	民俗	2006年（第一批）	东兴市文化馆
49	三月三（壮族三月三）	民俗	2014年（第四批）	南宁市武鸣区文化馆
50	瑶族盘王节	民俗	2006年（第一批）	贺州市群众艺术馆
51	壮族蚂𧌒节	民俗	2006年（第一批）	河池市非物质文化遗产保护中心
52	仫佬族依饭节	民俗	2006年（第一批）	罗城仫佬族自治县文化馆
53	毛南族肥套	民俗	2006年（第一批）	环江毛南族自治县非物质文化遗产保护传承中心
54	壮族歌圩	民俗	2006年（第一批）	南宁市民族文化艺术研究院（南宁市戏剧院、南宁市非物质文化遗产保护中心）
55	苗族系列坡会群	民俗	2006年（第一批）	融水苗族自治县文化馆

序号	名称	类别	公布时间	保护单位
56	壮族铜鼓习俗	民俗	2006 年 （第一批）	河池市非物质文化遗产保护中心
57	瑶族服饰	民俗	2006 年 （第一批）	南丹县非物质文化遗产保护传承中心
58	瑶族服饰	民俗	2006 年 （第一批）	贺州市群众艺术馆
59	瑶族服饰	民俗	2014 年 （第四批）	龙胜各族自治县文化馆
60	农历二十四节气 （壮族霜降节）	民俗	2014 年 （第四批）	天等县文化馆
61	宾阳炮龙节	民俗	2008 年 （第二批）	宾阳县文化馆
62	民间信俗 （钦州跳岭头）	民俗	2014 年 （第四批）	钦州市非物质文化遗产传承保护中心
63	茶俗 （瑶族油茶习俗）	民俗	2021 年 （第五批）	恭城瑶族自治县油茶协会
64	中元节 （资源河灯节）	民俗	2014 年 （第四批）	资源县文化馆
65	规约习俗 （瑶族石牌习俗）	民俗	2021 年 （第五批）	金秀瑶族自治县文化馆
66	瑶族祝著节	民俗	2021 年 （第五批）	巴马瑶族自治县文化馆
67	壮族侬峒节	民俗	2021 年 （第五批）	崇左市群众艺术馆
68	壮族会鼓习俗	民俗	2021 年 （第五批）	马山县文化馆
69	大安校水柜习俗	民俗	2021 年 （第五批）	平南县文化馆
70	敬老习俗 （壮族补粮敬老习俗）	民俗	2021 年 （第五批）	巴马瑶族自治县文化馆

注：保护单位名称以国务院公布的项目名录信息为参照

| 书籍设计 | 刘瑞锋　钟　铮　黄璐霜 |

| 音像制作 | 钟智勇　王　涛 |

| 图片摄影 | 过　竹　周明礼　丁益兵　廖　维
李　龙　马贵兵　郁良权　刘敬柳
兰　堃　李乐年 |

| 图片提供 | 广西非物质文化遗产保护中心
凤绍明 |

| 视频提供 | 广西非物质文化遗产保护中心
广西金海湾电子音像出版社 |